企業間協力のための利益配分価格

門田安弘［著］

税務経理協会

まえがき

　昨今のビジネス環境では，個別企業間で競争するのではなく，企業間の協力体（ネットワーク組織）である企業グループ同士が競争する時代になってきました。

　そこで，「企業グループの中で企業間の良き協力関係・連携関係を作るように，各企業を誘導する仕組み」を作ることが重要になってきました。その仕組みとして，企業間の協力によって獲得した共同の利益を，企業間に配分する手段としての取引価格をどのように決めるべきかが問題になります。

　そのような価格が，本書のサブタイトルにいう「インセンティブ価格」です。その実践的な働きは，企業間の「シナジー効果」（相乗効果）を配分することにあります。

　本書で具体的に扱う「インセンティブ価格」の適用例は，M＆Aの買収価格，系列の部品価格，グローバル企業集団の国際移転価格の３つです（買収価格に見られるように，本書でいうネットワーク組織は外界とオープンなシステムで，その境界はファジーです）。

　それらのインセンティブ価格をうまく活用すれば，ビジネスの実践上で次のような良い結果が生じます。

①　M＆Aの被買収企業と買収側の企業が，ともに相互に満足する形で買収に合意できます。つまり，その買収価格によって，買収ターゲット企業がそのグループに参加する決定を円満に誘導できます（M＆Aへの誘導）。

②　現在，特定の企業グループに参加しているメンバー企業が，そのグループから離脱しないで参加を継続する決定を誘導できます（企業グループの結束強化）。

③　ある企業グループのメンバー企業が参加継続を決定した後，そのグループの中で「自助努力」を発揮するように誘導できます（メンバー企業の改善努力を動機付け）。

本書の実践的な意義

　本書は，企業間の協力関係を実りあるものにするには，企業間の協力のシナジー効果をどのように配分すればよいかについて，実践的な解決方法を提示します。

　シナジー効果の配分というのは，禅問答で問われるように，両手のひらで柏手（かしわで）を打った時に，「今の柏手の音（シナジー効果）は，どちらの手が起こしたか？」（あるいは，「どちらの手のひらがどれだけ影響を与えたか？」）という質問に答えるのと似ている難問です。

　たとえば，M＆Aで合併や買収をしようとしている2つの企業間で，両社統合のシナジー効果としての増分の共同利益について，どのように事前に（合併公表前に）その配分額を決めるべきか，これは実務上で常に解決を求められている問題です。つまり，買収価格の決定問題がこれです。中核企業が適切な買収価格を買収ターゲット会社に提示すると，ターゲット会社の経営者や株主は自律的に判断してどのネットワークに参加すべきかを決めることができます。

　その他，サプライチェーン，連結企業グループ，資本提携や業務提携，M＆Aの参加企業群などは，いずれも一種の企業間ネットワークの組織です。そこでのインセンティブ価格には，たとえば，サプライチェーンの企業間の部品価格設定があります。またグローバル連結企業グループ内の企業間の国際振替価格の設定も，同じ問題を抱えています。本書は，このようなネットワーク組織において企業間の協力を誘導する実践的な手段を提供します。

　このように，本書では買収価格，部品価格，国際移転価格の3つについて，実務的にも理論的にも意味のある決定方法を提案します。

　学術的には，ネットワーク組織内の取引価格システムがもつインセンティブ・メカニズムは従来あまり研究されていませんでした。このインセンティブ価格は，伝統的な需給均衡価格とはまったく異なる価格概念であり，理論面では本書はこの新しい価格概念を提示し，追求しました。

まえがき

各章の概要
第1編　企業間関係のネットワーク組織
第1章　アダム・スミスの分業論からネットワーク組織へ

　有名なアダム・スミスは，工場内で職能別に専門化して分業すれば生産性は上がるとしました。しかし，今日の多種少量生産の環境では，そのように分業しないで1人で多工程を受け持つ方（「セル生産方式」）が効率的なことが多いのです。それは事業部制で個々の事業部がさまざまな職能部門を有して仕事をしているのに似ています。

　さらに，今日ではサプライチェーンのネットワーク組織は，中核企業の職能別部門をさまざまな独立企業が資本提携や業務提携で分担し，相互にネットワークを形成してひとつの企業のように活動します。

第2章　ネットワーク組織の中核企業の役割

　たとえばトヨタグループの中のトヨタのように，サプライチェーンのネットワーク組織（系列）の中核企業は，ネットワークの新たな参加企業を選択し，参加の形態を決め，さらにその参加候補企業に参加を誘導できるような値に，買収価格や部品価格を決めます。

第2編　企業間協力を誘導する「インセンティブ価格」の設定法
第3章　M&Aの買収価格―シティと日興の合併を事例として―

　M&A（合併・買収）の予想シナジー効果は「買収企業の利得」と「ターゲット企業（被買収企業）の買収価格に含める買収プレミアム」とに配分されます。買収企業の利得は，直接的には買収企業の株主の利得であり，買収プレミアムはターゲット企業の株主の利得になります。この配分の基準として，私は，被買収企業および買収企業それぞれの合併発表前の株主価値（あるいは株式時価総額）を基準として用いることを提案しています。

　このことについて，わが国で初めて国際的な三角合併となった，米国のシティグループによる日興の買収事例を取り上げて説明します。

第4章　部品業者の協力を誘導する部品価格―サプライチェーンのリスク分担・リスク分散と利益配分―

　自動車メーカーが，部品メーカーに対してニューモデルの車両に必要な部品の生産に設備投資を誘導するために，両社の間で固定費回収のリスク分担を可能にするような，部品価格の決定方法を明らかにします。サプライチェーンにおいて「インセンティブ価格」は伸縮的な部品価格として存在します。それは部品メーカーの固定費回収手段でもあり，かつチェーン内の企業間の利益配分の手段でもあります。

第5章　グローバル連結企業の企業間利益配分における無形資産の役割

　本章は，グローバルな連結企業集団において，親子会社間などで共同して稼ぎだした「結合利益」を企業間に公平に配分するさいに，その配分基準として各企業の無形資産の大きさを用いる方法を明らかにします。つまり，各企業の利益貢献度の大きさをその無形資産の額で測るのです。

第3編　「インセンティブ価格」として利益配分価格の理論

第6章　インセンティブ価格の特徴と決まり方―需給均衡価格と比較して―

　インセンティブ価格は，ネットワーク組織のメンバー企業間に公正に利益を配分する目的を持ちます。そのことによって，独立企業が当ネットワーク組織のメンバー企業として参入することや，現在すでに参加しているメンバー企業が当ネットワーク内で自助努力を高めることができます。これがインセンティブ価格の特徴です。

　インセンティブ価格を決める基準は，共同の利益の獲得に貢献するための貢献度によります，それは各企業が長期にわたって築いてきた有形・無形の資産額やそれを形成するための費用額で測定します。

　従来の「価格」は，資源の供給量ないし需要量を決定するための，市場の「需給均衡価格」でした。それは，「インセンティブ価格」とは求め方も違うし，大きさも異なります。

まえがき

付録　累積的機会原価法による利益配分

　以上の第1章から第6章までの内容は，一般ビジネスマンあるいは学部の初年度生に十分理解していただけるように書いたものですが，この最後の「付録」だけは研究者向けに書いたものです。それは「協力ゲーム」のシャプレイ値による配分法をベースにしながらも，現実世界における企業間の許容可能な連携のみを前提にした利益配分法を開発したものです。

　さて，私が本書のテーマについて研究するようになり，なんとかここまでまとめることができたのは，多くの方々の恩恵に負っています。

　会計学の分野で神戸大学の(故)久保田音二郎先生と(故)溝口一雄先生から賜りました学恩に深く感謝申し上げます。両先生の門下の諸先生方にも長くご指導をいただきました。組織の経済学の分野では，京都大学の(故)浅沼萬里先生によくご指導を賜りました。先生のご霊前に心から御礼申し上げます。「分権管理の振替価格」の研究から発して，「企業間関係の利益配分」の研究に至るまでの長い道のりで，これらの諸先生に支えていただきました。

　最後に本書の執筆過程では，日本組織会計学会とその傘下のMonden Institute of Managementのメンバーの諸先生方から，同学会の研究会において本書の内容に対し数々の有益なコメントをいただきました。とりわけ浜田和樹，李健泳，星法子，平岡秀福の各氏には同学会の活動で日頃，多大のサポートをいただいています。この機会に深甚の謝意を表します。

　また本書が実際に公刊できるようになりましたのは，税務経理協会の大坪嘉春社長の恩恵によるものです。大坪社長の私へのお励ましとご期待は終生忘れえぬものであり，これからもお応えしていきたいと念じています。また同社の編集部の峯村英治氏にも一方ならぬお励ましをいただき，かつ本書の上梓に当たって多くの改善点をご助言いただきました。編集部の大川晋一郎氏にもご協力を得ました。これらの方々に心から御礼申し上げる次第です。

　2009年1月31日

門田　安弘

目　　次

まえがき

第1編　企業間関係のネットワーク組織

第1章　アダム・スミスの分業論からネットワーク組織へ……………3
§1　本章の目的……………………………………………………………3
§2　アダム・スミスの分業論とその批判………………………………5
　2・1　ピンの製造業における分業…………………………………5
　2・2　スミスのいう分業の3つのメリット………………………6
§3　社会的な分業，つまり市場交換取引の生じた理由………………7
§4　アダム・スミスの考える「価格による市場の需給調節メカ
　　　ニズム」-「見えざる手」の機能- ……………………………8
§5　セル生産方式の目的…………………………………………………9
§6　専門工による職能別分業の生産方式：
　　　「横持ちでロット生産・ロット運搬」…………………………10
§7　多能工による製品別の一貫生産方式：
　　　「縦持ちで1個流しの生産と運搬」……………………………11
§8　工程別分業と製品別一貫生産の優劣比較のまとめ………………12
§9　小括：「ネットワーク組織」の普及を主張 ………………………13
§10　事業部制組織と職能別組織の組織形態……………………………14
§11　職能別組織と事業部制組織の比較
　　　－需要と供給の均衡化の観点から－ ……………………………16
§12　事業部制組織に類似した組織………………………………………18
　12・1　事業グループ別の社内分社制と事業別の社外分社…………18

12・2　パナソニック社のドメイン会社内における垂直統合
　　　　　　モデル……………………………………………………………19
　§13　需給均衡型のネットワーク組織とは………………………………20
　§14　ネットワーク組織の構造：事業部制からネットワーク
　　　　組織へ……………………………………………………………………21
　§15　事業部制組織をネットワーク組織に再編する理由………………23
　§16　ネットワーク組織の固有概念………………………………………24

第2章　ネットワーク組織の中核企業の役割 ………………………………27
　§1　本章の目的………………………………………………………………27
　§2　ネットワーク組織とは…………………………………………………28
　§3　ネットワークの中核企業の3つの役割………………………………29
　§4　戦略的決定その1：M＆Aによるネットワーク参加企業
　　　　の選択………………………………………………………………………30
　§5　戦略的決定その2：企業間結合の形態のデザイン…………………34
　§6　マネジメント・コントロールとしてのインセンティブ・
　　　　システムの設計…………………………………………………………42
　§7　タスク・コントロールとしての資源配分決定：トヨタ
　　　　グループの事例…………………………………………………………44

第2編　企業間協力を誘導するインセンティブ価格の実践的役立ち

第3章　M＆Aの買収価格 ………………………………………………………49
　　　－シティと日興の合併を事例として－
　§1　本章の目的：M＆Aの買収価格はいかに「インセンティブ価格」
　　　　として働くか……………………………………………………………49
　§2　「シナジー効果」の源泉と結果………………………………………51
　§3　コントロール・プレミアムと流動性ディスカウント………………52

3・1　コントロール・プレミアム……………………………………52
　　　3・2　流動性ディスカウント……………………………………52
　§4　買収価格によるシナジー効果の配分と買収プレミアム……………53
　§5　合併比率の算定方法………………………………………………55
　§6　合併比率の算定における株価の役割……………………………57
　§7　シナジー効果の配分公式と買収価格の決定……………………58
　§8　M＆Aにおける市場取引と組織内取引…………………………60
　　　8・1　市場取引としてのM＆A…………………………………60
　　　8・2　組織内取引としてのM＆A………………………………61
　§9　協力ゲームの理論によるM＆Aの合意成立の条件………………62
　§10　小括：現実世界におけるその他の要因…………………………63
　§11　リスクの下での合併比率の決定と利益配分
　　　　―シティと日興の三角合併を事例として―………………………65
　§12　シティと日興との合併比率………………………………………66
　§13　株価変動のリスクの下での弾力的な合併比率の決定方法………67
　§14　最終の合併比率……………………………………………………71
　§15　結び：リスクのもとでの利益配分（シナジー配分）……………72

第4章　部品業者の協力を誘導する部品価格
　　　　―サプライチェーンのリスク分担・リスク分散と利益配分―………75
　§1　本章の目的…………………………………………………………75
　　　1・1　リスク分担，部品価格，固定費回収，利益配分……………75
　　　1・2　損失発生のリスク回避を反映する心理的な苦痛感…………75
　　　1・3　フルコスト基準の部品価格……………………………………76
　　　1・4　既存研究…………………………………………………………77
　§2　自動車産業における垂直的提携関係の特徴と市場的性格………78
　　　2・1　価格調整………………………………………………………78

2・2　垂直的提携関係のもつ数量調整の機能：需給均衡化
　　　　　の機能……………………………………………………………78
　　　2・3　競争的な市場的側面の特徴……………………………………79
　　　2・4　部品メーカーの改善と参加決定………………………………80
　§3　部品メーカーの2つのタイプ…………………………………………81
　　　3・1　貸与図メーカーと承認図メーカー……………………………81
　　　3・2　情報の対称性と非対称性………………………………………82
　§4　自動車メーカーと部品メーカーとの間のリスク・マネジ
　　　メントの類型………………………………………………………………83
　　　4・1　貸与図メーカーのリスク分担…………………………………83
　　　4・2　承認図メーカーのリスク分散…………………………………86
　§5　インセンティブ価格としての部品価格
　　　－ネットワーク組織のシナジー効果への寄与度に応じた配分利益－………87
　　　5・1　インセンティブ価格としての部品価格の算定法……………87
　　　5・2　貸与図メーカーへの配分利益とインセンティブの
　　　　　強さ……………………………………………………………………88
　　　5・3　承認図メーカーへの配分利益とインセンティブの
　　　　　強さ……………………………………………………………………89
　§6　結　　　び－要約－……………………………………………………90

第5章　グローバル連結企業の企業間利益配分における無形資産の役割……………………………………………………………………93
　§1　本章の目的と概要………………………………………………………93
　§2　ステップ1：「分割対象利益」の算出　………………………………95
　　　2・1　前提条件……………………………………………………………96
　　　2・2　P社とS社の個別損益計算書から「分割対象利益」
　　　　　の算出…………………………………………………………………97
　§3　ステップ2：「基本的利益」の計算　…………………………………98

3・1　重要な無形資産を有しない「比較対象法人」の選定………98
　　　3・2　基本的利益の計算に必要な利益指標……………………99
　　　3・3　Ｐ社とＳ社の国外関連取引に係る「残余利益」の
　　　　　　計算 ……………………………………………………100
　§4　ステップ3：残余利益の分割要因による利益分割 …………100
　　　4・1　無形資産の価値の測定方法 ………………………………101
　　　　4・1・1　無形資産の絶対的価値の測定方法 …………………101
　　　　4・1・2　無形資産の相対的価値の測定方法 …………………101
　　　4・2　数字例への適用 ……………………………………………103
　§5　残余利益分割法のゲーム理論的スキーム ……………………104

第3編　「インセンティブ価格」として利益配分価格の理論

第6章　インセンティブ価格の特徴と決まり方…………………109
　　　　　―需給均衡価格と比較して―
　§1　本章の目的 …………………………………………………109
　§2　需給均衡価格とインセンティブ価格の比較：数値例 ………110
　　　2・1　状況設定 ……………………………………………………110
　　　2・2　資源需要量が資源供給量を超える場合の
　　　　　　「需給均衡価格」……………………………………………112
　　　2・3　資源需要量が資源供給量を超える場合の
　　　　　　「インセンティブ価格」……………………………………114
　　　2・4　資源供給量が資源需要量を超える場合の
　　　　　　「需給均衡価格」……………………………………………117
　　　2・5　資源供給量が資源需要量を超える場合の
　　　　　　「インセンティブ価格」……………………………………117
　§3　需給均衡価格の問題点：回りくどい二重計算の分権的決定 ……118
　　　3・1　制約資源の機会原価と振替価格 …………………………118

　　　　3・2　機会原価としてのシャドウ・プライス …………………119
　§4　結び：シナジー効果実現への長期的な貢献度とインセン
　　　　ティブ価格の目的 …………………………………………………120

付録　累積的機会原価法による利益配分 …………………………………123
　§1　本章の目的 …………………………………………………………123
　§2　利益貢献度による各部門の順位づけ ……………………………125
　§3　各部門の累積的機会原価に応じた配分 …………………………130
　§4　Φ安定の条件充足の証明 …………………………………………132
　§5　結　　び ……………………………………………………………135

各章の注記と参考文献 ……………………………………………………………139

索　　引 ……………………………………………………………………………159

第 1 編

企業間関係のネットワーク組織

第1章

アダム・スミスの分業論から
ネットワーク組織へ

§1 本章の目的

　アダム・スミスは,「国富論」第5版 (1789) (水田洋監訳・杉田忠平訳) で, その冒頭から「労働の生産力 (労働の生産性) の最大の向上は, 分業の結果であった。」とのべている。つまり, 分業することによって, 生産性が最も増大すると主張している。
　ここでスミスが分業という場合, 初めから「社会全体の中での分業の効果」を主張しているところから, 社会における職業の分化や, 産業の種類 (たとえば農業と製造業など) の分化や, さらには特定の一産業内での仕事の分業化 (たとえば, 繊維産業における紡績業と縫製業の分化など) を主として念頭においていることは明らかである。彼が「経済学の父」と呼ばれているように, 分業によって各国の全体経済の生産性向上をもたらし, 人々が裕福になる道筋を描こうとしていたことは明らかである。
　それは, 社会全体における分業による自由な財の交換取引を通じて, 全体の生産性が向上し, 諸国民の国富が増大していくというもので, 今日いう「市場原理」とか「自由市場主義」の原点でもあった。また, 分業による自由な財の市場取引を行うことと, 社会全体の生産性や富を増大することとの間をつなぐ

ものは，いわゆる「見えざる手」であった。

　さてしかしながら，そのような全体経済における分業ないし市場取引の効率性の根拠を示すために，スミスはいわばミクロ経済学的な分析として，特定の個別の製造企業内における仕事の分業がその製造企業の生産性を高めることを論証しようとする。

　そこで**本章では，この点について現代の生産管理論の観点からみてスミスの分業論を批判的に検討していきたい。今日の市場原理主義と合わせて，別の方法でも需給均衡を図るためには，まずその原点であるアダム・スミスの分業論にメスを入れ，彼の論証に対して異を唱えることが本章の目的である。**

　その上で，企業内における生産性向上や最終需要への迅速な適応，人間性の向上などの観点から，筆者はスミスの想定する職能別の分業を排し，製品グループ別に職能別作業の統合を図る「セル生産方式」や「ＪＩＴ生産方式」の考え方による組織編成を推奨する。

　さらに，分業による市場取引についても，これで市場における需要と供給の間の自動調整がはたして本当になされるのかどうか。市場が機能しないで失敗するケースはよく知られている。また，たとえ市場で需給均衡が達成される場合でも，どれだけ時間がかかるかは不明であり，個別企業にとっては過剰生産のクリヤーに時間がかかりすぎると倒産してしまう。産業全体にとっても経済全体にとっても総需要を満たすような供給，あるいは総供給を満たすような有効需要が毎期きちんとなされることが課題であり，供給過剰が生じてそのクリヤーに時間がかかれば，産業の不況や経済全体の不況が長引くことになる。

　そこで，筆者は「需給均衡化を達成させる組織」を編成するために，ネットワーク組織を推奨することが本章の最終の目的としている。このような組織構造の内容は，本章でスミス批判の論拠にしているセル生産方式に似た，「製品別の各職能企業間の連携組織」を援用するものである。

§2 アダム・スミスの分業論とその批判

2・1 ピンの製造業における分業

　スミスの時代に，ピンの製造業は仕事全体がひとつの独自の職業であるだけでなく，多数の部門に分割されていて，その大部分がまた同じように，独自の職業になっていたという。それは次のような作業に分割されていて，総計約18の作業からなっていたという。

1) 1人は針金を引き伸ばし，
2) 別の1人はそれをまっすぐに伸ばし，
3) 3人目はそれを切断し，
4) 4人目はそれを尖らせ，
5) 5人目は頭を付けるためにその先端を削る。
6) 頭を造るには，2ないし3の別々の作業が必要であり，
7) 頭を付けるのも独自の仕事であり，
8) ピンを白く磨くのも別の仕事である。
9) 最後にピンを紙に包むことさえ，一つの職業であった。

以上のすべてが，別々の人手で行われている製造所もあるし，同じ人がそのうちの2つないし3つの作業を行う場合もある。

　スミスは具体的な数字をもってピンの製造の生産性を示すために，彼自身が見た小さな製造所の例をのべている。

・ その工場では10人だけが雇われていた（したがって，10人のうちの何人かは，上記の仕事のうち2～3の別々の作業を1人で行っていた）。
・ 職人たちは，精を出して働いたときには，1日に12ポンドのピンを作った。
・ 1ポンドで中型のピンが4,000本以上ある。
・ したがって，この10人で1日当たり48,000本以上のピンを造ることができた。

・よって，各人は1日に4,800本（＝48,000本÷10人）のピンを造る。この**「1日1人当たり生産量」が生産性の尺度**である。ここで，「1人の作業者が1日の定時作業時間に仕上げなければならない出来高数」は，今日の生産管理論でも生産性の尺度であり，これを**「一人工」**（いちにんく）の仕事という。

ここでスミスは，「彼らが皆な個々別々に（すべての作業に順に従事して）働いた場合には，1人当たり1日に20本のピンも，おそらく1本のピンも造ることができなかったであろう。」（カッコ内は筆者）という。

ここで，筆者が本書で推奨する「ネットワーク組織」における複数企業間の垂直的分業についてもコメントしておこう。確かに個々の企業は限られた経営資源の制約の中では，すべての業務活動について効率的であることは必ずしも容易ではない。そこで各企業がコア・コンピタンスのある業務に専念して，複数の企業間で垂直的に分業することが競争に勝つためには有効であろう。ここまでの議論はアダム・スミスの分業論の論理に合致するといえるかもしれない。しかし，そうして分業に専念する複数の企業が長期的に業務提携や資本提携を行って，バーチャル（仮想的）な「ネットワーク組織」として垂直的な「企業間関係」をもつことは，複数の職能を統合化（一貫化）する「セル生産」の効率性と通じるのである。その効率性の成果は，ネットワークに参加する個々の企業に対し，市場で完全な独立企業として行動するよりも追加的なシナジー効果として分配されることになる。

2・2　スミスのいう分業の3つのメリット

スミスは，分業の結果，生産性（彼はこれを上記のように「1日の1人当たり平均生産量」を尺度とする）が大きく増加するのは，次のような3つの異なるメリットによるとする。すなわち，

(1) 分業はスキル（職人の腕前）を向上させる
(2) 分業は段取り時間のムダをなくす
　1) わが身の運搬時間のムダ

2）複数の異なる仕事に関する知識習得や熟練の困難さ
　3）心理的な溶け込みの困難さ
(3) 分業は機械の発明を促進する

　上に紹介した，「ピンの製造業における分業」は，いわゆる「職能別の分業」であり，アダム・スミスの考える上記のメリットも含めて，その詳しい検討は以下の§5以降で「セル生産方式」のそれとの比較で後に検討する。

§3　社会的な分業，つまり市場交換取引の生じた理由

　アダム・スミスは上のようにミクロの特定製造所内における分業による生産性向上を主張した上で，その理屈をもって社会全体における分業も社会全体の生産性を向上させ，人々を富裕にさせると考えた。いわく，「よく統治された社会では，分業の結果生じるさまざまな手仕事全体の生産物の大幅な増加が，最低階層の民衆にまで広がる普遍的な富裕を作り出す。」と。

　そのような社会における分業の例として，彼は今日いうアパレル産業における分業をのべる。すなわち，「日雇い労働者の身体をおおう毛織物の上着は，羊飼い，選毛工，梳毛工または刷毛工，染色工，あらすき工，紡績工，織物工，縮絨工，仕上工，その他多数が，全員それぞれの手仕事を結合しなければならない。」とする。

　ところが，ここでも今日のアパレル産業では上流から中流，下流までのすべての工程を1社で垂直統合したSPAと称される企業も生じている（SPAとは，Specialty store retailer of Private label Apparelの略。製造小売業，製造販売アパレル小売業，製造販売小売業などといわれる。一企業が自ら商品（衣料品）の企画開発，製造，さらには小売業までを手掛ける方式。ユニクロ，インデックス，ワールドなどはその例だが，起源は，アメリカのジーンズ専門店から発展した「THE GAP」といわれる）。

　また1社で垂直統合はしていなくても，今日ではバーチャルなネットワーク組織として系列化させている組織が普及している。そのような統合の経済的な

メリットは，最終需要への生産の迅速な適応力にある。これらは「ネットワーク組織」のメリットを志向している点で，アダム・スミスの主張に対する反論の実証になる。つまり，この組織は，販売から生産の諸段階にける間の調整の能力を有している。また，そのような垂直提携組織が出現したのは，決してコースのいうように，市場取引による「取引コスト」が大きいからではない。需要変化に対する迅速な適応により過剰生産を回避できるというメリットを享受せんがために生み出されたのである。

§4 アダム・スミスの考える「価格による市場の需給調節メカニズム」－「見えざる手」の機能－

　スミスは市場に完全な自由が存在している場合には，自動調節機構が働いて需給を均衡させる均衡価格が導かれるが，独占があればそのような機構が働かないことを批判しているのである。
　ここで筆者は，スミスのいう有名な「見えざる手」というのは価格の自動調整メカニズムを意味すると解釈する。すなわち，スミスは次のようにいう。
　「生産物が最大の価値を持つように産業を運営するのは，自分自身の利益のためなのである。だが，こうすることによって，かれは，他の多くの場合と同じく，見えざる手に導かれて，自分では意図してもいなかった一目的を促進することになる。(中略) 自分自身の利益を追求するほうが，はるかに有効に社会の利益を増進する。」(大河内一男訳「国富論Ⅱ」p.120.)(傍点は筆者)。
　ここでスミスは，個人的な打算，貪欲ないし営利心に基づいた行動は，それが「自由放任」され，「自由競争」にさらされるならば，結局は「社会の利益」の向上に結びつくとした。そのさい，「個人の利益」の追求と「社会の利益」の増大とをつなぐ役割を担う媒体として，彼は「見えざる手」を持ってきた。「見えざる手」の論理的なメカニズムを彼は描き得なかったし，彼自身はこれが「神の」手だという表現はしていないけれども，いわば神の機能として導入したのであろう。

私見では，ここで，「個人の利益」を追求する主体は企業家であり，「社会の利益」とは市場における需要と供給の均衡（あるいはその均衡点の生産高）であり，それを媒介する「見えざる手」とは「価格による需給調整メカニズム」である。スミスは，そのような「見えざる手」が機能するためには，完全な競争が必要で，独占があれば独占者は自らの利潤最大化のために価格を均衡価格よりも吊り上げ，供給量を均衡量よりも少なくすると喝破した点は，現在のミクロ経済学の教科書の教えるところと完全に一致している。

スミスの考える完全競争市場における商品需給の自動調節メカニズムが行き着く先には，必ず均衡価格体系が存在することが後年，一般均衡理論において数学的に証明されている。しかし，それは完全競争市場や，市場環境情報に関する確実性の仮定のもとで，企業者が目標関数最大化を達成できるという完全な合理性などを仮定した前提のもとでの話である。現実にはその前提のいずれもが満たされていないので，過剰生産による企業倒産や，全体経済の不況が絶えず生じるのである。

§5　セル生産方式の目的

前節までで見てきたように，アダム・スミスは「専門工による職能別分業の生産方式」の方が生産性を向上させると主張していた。だが，現代の発達した生産管理の方式から見れば，その主張が必ずしも正しくはないことを以下の諸節で明らかにしたい。ここに，現代の新しい生産方式とは，「多能工による製品別の一貫生産方式」である。これはアダム・スミスが生産性が極めて低いと評価した生産の仕方である。

本章の目的（需給均衡化を達成するフレキシブルな組織は何か）にとって最も重要なことは，市場における**需要変動に対して迅速な適応ができる**ということである。これが可能になるには，生産に要する時間，つまり「リードタイム」が格段に短くなることが必要である。

以下にのべる，「多能工による多工程持ち」の生産方式（これは実質的に「セル

生産方式」である[(1)]によれば，市場における需要変動への適応が，アダム・スミスの主張する職能別分業の生産方式よりもずっと容易になり，生産性もはるかに高くなる。

§6　専門工による職能別分業の生産方式：「横持ちでロット生産・ロット運搬」

いま，多様な機械によって機械加工を行う工場では，アダム・スミスが例に挙げたピンの生産工場のように，工程別の専門工による分業を可能にするために，「**機種別の機械配置**」（これは生産管理の教科書では「ジョブショップ・レイアウト」と呼ぶ）を行うことがよくある。ここで「機種別」というのは機械の加工機能が機種によって異なっているのであり，図表1-1に示したように，たとえば，旋盤，フライス盤，ボール盤，切断機，溶接機，研磨機などのような違いである。

同種の機種ごとに機械をまとめて配置し，それぞれの機種ごとに作業者を割り当てておく。これは図表1-1で横方向にみた機械配置であり，日本ではこれを「**横持ち**」と呼んだり，工程別の専門工による同種機械の「**多台持ち**」と称する。

作業者1人が1台の機械を受け持つ形では，作業者は機械にワーク（加工対象物の素材）をセッティングして作動ボタンを押すと，その機械が稼動している間は彼は何もせずに機械の自動加工が終わるまで見ているだけになり，彼に「手待ちのムダ」が発生する。そのため，図表1-1でたとえば工程1（旋盤による切削加工）の作業者は，1台目の旋盤（旋盤1）にワークを取り付けた後，その旋盤が自動で切削加工している間に，同作業者はもう1台の旋盤（旋盤2）に移動し，その旋盤へのワークの取り付け，取り外しをする。このようにして彼はできるだけ多くの同種機械を受け持つことによって，作業者1人当たりの生産量を上げることができる。

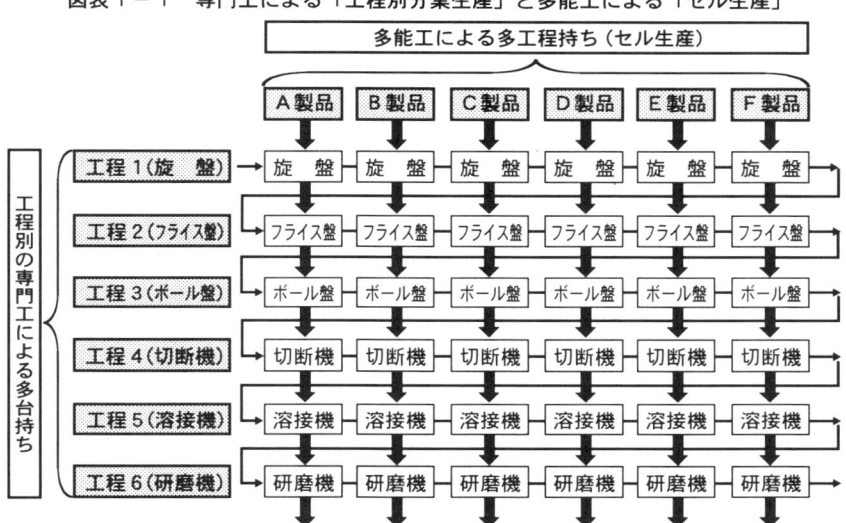

第1章 アダム・スミスの分業論からネットワーク組織へ

図表1-1 専門工による「工程別分業生産」と多能工による「セル生産」

[図：縦軸に「工程別の専門工による多台持ち」として工程1(旋盤)、工程2(フライス盤)、工程3(ボール盤)、工程4(切断機)、工程5(溶接機)、工程6(研磨機)、横軸に「多能工による多工程持ち(セル生産)」としてA製品、B製品、C製品、D製品、E製品、F製品を配置したマトリックス図]

　このような同種機械による加工はできるかぎり多量のワークをまとめて加工して生産性を上げようとするから，いきおい**大ロットの生産**（1回当たりのワークの投入量と生産量が大きいこと）になる。その結果，その工程からの生産物（仕掛品）の在庫量が過大になり，在庫のムダが発生し，したがってまたその在庫の滞留時間だけ**リードタイム**（生産の所要時間）が長くなってしまう。

§7　多能工による製品別の一貫生産方式：「縦持ちで1個流しの生産と運搬」

　上記の同種機械の「多台持ち」というジョブショップ・レイアウトの欠点である「長いリードタイム」の問題を解消するには，作業者がワークの運搬も行いながら，多能工になって複数の異なる機種の間を順番に移動して，特定の製品グループを順次に一貫加工していくことがよい。このような機械の配置方法は，欧米の生産管理の教科書では「**プロダクト・フロー・レイアウト**」（製品「流れ生産」のレイアウト）と称されている。日本では「**多工程持ち**」とか「**縦持**

11

ち」ともいう。

　ワークの加工順序に従って並べられている種類の異なった機械群を1台ずつ加工順に並べて，その一連の異種機械のすべてを1人の作業者が受け持って連続して加工する場合が典型的である。たとえば，図表1－1で上から下へと縦に見たときに並べられているように，旋盤，フライス盤，ボール盤，切断機，溶接機，研磨機などの順番の配列である。

§8　工程別分業と製品別一貫生産の優劣比較のまとめ

　ジョブショップ・レイアウト（機種別レイアウト：図表1－1の行方向）に比較した製品フロー・レイアウトの利点を列挙すると，図表1－2のようになる。アダム・スミスは専門工による職能別分業の生産方式の方が生産性を向上させると主張しているが，現代の発達した生産管理の方式から見れば，その主張が必ずしも正しいとはいえないことが，この図表1－2からよくわかるであろう。

　ここに列挙したフローライン・レイアウトの長所のうち，本書の目的にとって最も重要なものは，フロー・レイアウトによればリードタイムが格段に短くなり，**需要変動への迅速な適応ができる**ということである。

　要するに，多能工[2]による多工程持ちによれば，市場における需要変動への適応が，アダム・スミスの主張するジョブショップ型のレイアウト（機種別配置）よりもずっと容易になり，生産性もはるかに高くなるのである。

　具体的にいうと，特に多品種生産において，ジョブショップ・レイアウトでのスミス流分業生産ではロット生産が行われる傾向があるので，仮に月の中ほどで製品Aの売れ行きははかばかしくなくて，製品Bの売れ行きの方が伸びてきたことがわかるならば，製品Aについてはすでに全工程の生産が完了していると，製品Aが過剰生産になっている。しかし，多能工による縦持ちで1個流れ生産をしているならば，月央でも製品Aの生産は抑えて製品Bの生産を増やすことが容易にできる。より詳しくは門田（2006）を参照されたい。

図表1－2　ジョブショップ・レイアウトに比較した製品フロー・
　　　　　レイアウトの利点

	製品フロー・レイアウト	ジョブショップ・レイアウト
ロットサイズ	小さい（通常，1個流し）	大きい
リードタイム	短い	長い
需要変動への適応力	迅速に対応可	迅速に対応不可
仕掛在庫	少ない	多い
品種間の段取り替え	なし	あり
ライン・バランシング	容易	困難
不良品の摘発可能性	各機械で発生時に発見可	どこで発生したか不明
作業者のスキル	多能工	単能工
設備	小型で安価	大型で高価
運搬	ほとんどなし	あり
ムダの顕在化	取り置き，運搬，手待ちなどムダが見える	取り置き，運搬，手待ちなどムダが見えにくい
最適化	全体最適（工場全体の生産性向上）	部分最適（機種別の生産性向上）

§9　小括：「ネットワーク組織」の普及を主張

　本章で筆者は，専門工による「工程別分業生産」と多能工による「多工程持ち生産」の効率性を比較し，後者がいかに優れているかの概要を明らかにした。
　その分析の目的は，分業とそれに基づく市場取引にほとんど依存した今日の経済システムの中で，その機能不全に直面して，企業組織による需給調整を可能にする「ネットワーク組織」の普及拡大を主張することにある。
　多能工による多工程持ちの生産方式は，「ネットワーク組織」に類似している。そのことの分析と説明は，次節以降で行われる。

§10　事業部制組織と職能別組織の組織形態

　分権化（decentralization）とは，その字の意味のとおり，本来最高経営者のもっていた多くの意思決定権限を下位の各部門に委譲することを意味しているのである。

　そこで，この分権化の構造は，企業の職能別の組織分割にもとづき，販売部，製造部，製品開発部，購買部などの分権的単位であることもある。これは「**職能別組織**」（functional organization）といわれるものである（図表1－3を横方向に見た組織である）。

　あるいは，主に市場の特異性にもとづく市場区分によって製品別，業種別，顧客別，地域別などに分けた分権的組織もある。これらの分権的単位は一般に事業部（division）と呼ばれ，その組織構造は「**事業部制組織**」（multi-divisional organization）といわれる。典型的には企業の種々の製品種類別の分権的単位に分ける場合で，「製品別事業部制」と呼ばれる（図表1－3を縦方向に見た組織である）。

　このような事業部が企業の全社的利益の一部分に対する責任を委譲されているので，それは独立採算の組織単位としてプロフィット・センター（profit center：利益中心点）とも呼ばれる。

　両方の組織形態をマトリックス形式で同時に図示すれば，次の図表1－3のようになる。この図表1－3で横方向には職能別組織が，縦方向には典型的な事業部制組織である製品別事業部制組織が描かれている（ただし，本図は両組織の併存した「マトリックス組織」を描いているわけではない）。

　読者にあっては，この図表1－3を§6の図表1－1と比べてみられたい。本節の職能別組織がアダム・スミス流の職能別専門工による分業の職能別工程レイアウトと類似しており，本章の事業部制組織が§6の「多能工による多工程持ちレイアウト」に類似していることに気づかれるであろう。

　職能別組織は，一般に中央集権的な組織だと考えられている。トヨタ自動車

図表1－3　職能別組織と事業部制組織の関係

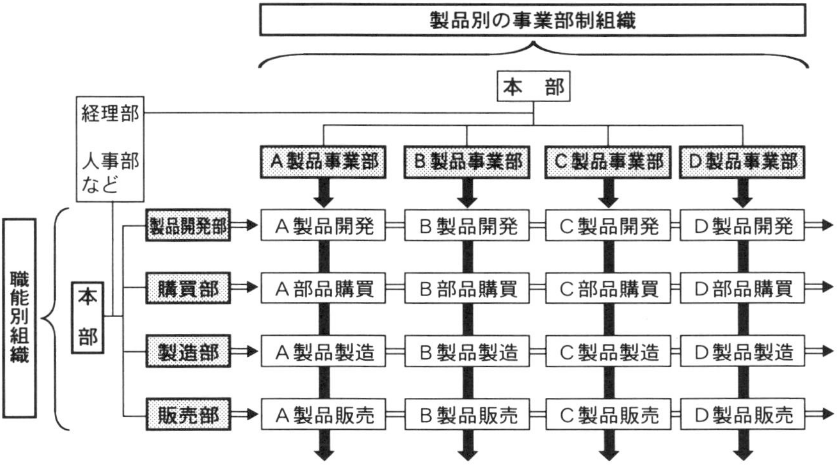
製品別の事業部制組織
本　部
経理部
人事部
など
A製品事業部
B製品事業部
C製品事業部
D製品事業部
職能別組織
本部
製品開発部
購買部
製造部
販売部
A製品開発
B製品開発
C製品開発
D製品開発
A部品購買
B部品購買
C部品購買
D部品購買
A製品製造
B製品製造
C製品製造
D製品製造
A製品販売
B製品販売
C製品販売
D製品販売

(株)など，その事業内容がほとんど自動車だけといった，多角化度の低い企業には向いている。そのような単一事業の会社では職能別組織そのものが，多角化した製品別事業部制における特定製品の事業部制組織と同じものになっているから，両者の組織編制原理はまったく同一であるといっても過言でない。

事業部制組織は，日常業務を遂行するのに必要な生産や販売などの経営職能部門を内部にもっているので，かなりの程度に自己充足した組織単位である。パナソニック(株)などは狭義の製品別事業部制の典型であったが，テレビ事業部や洗濯機事業部などが設けられていた。今日でも情報家電メーカーなど，多角化度の高い企業ではすべて製品別事業部制が採用されている。

もっとも，事業部の数が増えた場合には，本社の「管理の範囲」(span of control)を超えるために，いくつかの事業部を事業本部とか社内分社とか事業グループと呼ばれる上位組織単位に集約させることもある。これを事業本部制とか社内分社制，カンパニー制などと呼ぶ（以下の12・2節で詳論する）。

他方で，職能別組織であっても，社内での振替品に社内だけに通用する「内部振替価格」を設定することによって各職能部門が独立採算の組織単位となることもあり，その場合には製造部門などと呼ばれずに，製造事業部，販売事業

部などと呼ばれる。このような分権的組織を筆者は職能別事業部制と呼んでいる（職能別事業部制の存在理由として，製品別事業部制では，ややもすると職能別の活動が事業部間で重複し，重複投資のコストがかかるが，販売職能とか製造職能を全社内で1か所に集中させ共有する方が経済的なこともあるからである。また職能別組織にも各職能部門の管理者に利益意識を植えつけるのに役立つ）。

わが国では現実の事業部制は，職能別事業部と製品別事業部の両者が混合した形をとっていることが多い。

§11　職能別組織と事業部制組織の比較
　　　－需要と供給の均衡化の観点から－

ここで，両組織形態の特徴を本書のテーマである「需給均衡化」という観点からのべると，以下のようになる（図表1－4参照）。

まず，職能別組織の欠点は，①職能別部門間の調整が大変であるということで，「コミュニケーションコスト」が大である。なぜならば，②販売（需要）と製造（供給）の間の調整は，社長や両担当役員による生販会議で行わざるを得ず，そのコミュニケーションラインが長くなり，需要変化に対する供給の迅速な適応（需給均衡化）が困難だからである。これはアダム・スミスの「ピンの工程別分業生産」（職能別工程による分業）の欠点と同じで，「売れるものを売れるときに売れるだけ生産する」こと（つまり，JIT生産）ができにくい。この問題は特に多品種生産の場合には増幅される。

また，この問題にも関連して，コストセンター（供給面の部門）と収益センター（需要面の部門）が離れているので，両者の調整（コミュニケーション）が取りにくく（上記の短所による），利益管理が難しい。特に製品別では利益管理が困難で，利益管理は会社全体（全社）でしか実行できにくい。

これに対し，事業部制組織では以上のような問題点がすべて解決される。

まず，職能別部門間の調整コスト（コミュニケーションコスト）が小である。これは「セル生産方式」のメリットと同じである。なぜならば，生産と販売が

図表1-4 職能別組織と事業部制組織の長所と短所

職能別組織の長短

長　所	短　所
① 経営に必要不可欠な職能業務をそれぞれ一か所にまとめて行うので，各職能では「規模の経済」が働く。	① 職能別部門間の調整コスト（コミュニケーションコスト）が大。これは**アダム・スミスの「ピンの工程別分業生産」の欠点と同じ**。
	② 販売（需要）と製造（供給）の間の調整は，社長や両担当役員による生販会議で行わざるを得ず，そのコミュニケーションラインが長くなり，**需要変化に対する供給の迅速な適応（需要均衡化）が困難**。
	③ コストセンター（供給面の部門）と収益センター（需要面の部門）が離れているので，両者の調整（コミュニケーション）が取りにくく（①②の短所による），**利益管理が難しい**。特に製品別では利益管理が困難で，利益管理は全社でしかできにくい。
	④ 各職能部門の管理者は専門家（スペシャリスト）であるが，ジェネラリストとしての経営者を育成しにくい。
② 自動車会社など多角化度の低い企業には適している。（ただし，多角化には不向きである。）	

事業部制組織の長短

長　所	短　所
① 職能別部門間の調整コスト（コミュニケーションコスト）が小。これは「**セル生産方式**」のメリットと同じ。	① 小さな事業部であっても経営に必要不可欠な職能業務に最低限のヒト・モノ・カネをかけなければならない。ゆえに，異なる事業部間で資源の重複配分のムダが生じる可能性がある。
② 生産と販売が一事業部内でリンクされる組織だから，販売（需要）と製造（供給）の間のコミュニケーションラインが短く，需要変化に対する供給の対応，つまり**需給均衡化が容易**で，市場環境適応でスピーディな決定が可能。(市場志向の経営)	② 事業部間の調整が困難である。また時として事業部の部分最適に陥りやすい。
③ 事業部はプロフィットセンターであるから，製品別に売上収益（需要面）とコスト（供給面）のバランス（**利益管理**）が容易。	
④ 従業員は，事業部全体の経営活動を身近に見聞できるので，**モラールが高まる**。またジェネラリストとしての経営者を育成しやすい。これらは「**セル生産方式**」と同じ長所。	
⑤ M＆Aをするなどして多角度の高い企業に適している。	

17

一事業部内でリンクされる組織だから，販売（需要）と製造（供給）の間のコミュニケーションラインが短く，需要変化に対する供給の適応，つまり**需給均衡化が容易**で，市場環境適応でスピーディな決定が可能である（市場志向の経営ができる）。

また，事業部はプロフィット・センターであるから，製品別に売上収益（需要面）とコスト（供給面）のバランス（利益管理）が容易である。

さらに，従業員は，事業部全体の経営活動を身近に見聞できるので，モラールが高まる。またジェネラリストとしての経営者を育成しやすい。この点も，「セル生産方式」のメリットのひとつである**人間性の向上**と同じ長所である。

以上からわかるように，職能別組織は，アダム・スミスのいう「ピンの製造工場における職能別分業組織」の欠点をもっており，事業部制組織は近年の「セル生産方式」の長所をもっている。

§12　事業部制組織に類似した組織

12・1　事業グループ別の社内分社制と事業別の社外分社

パナソニック株式会社（旧松下電器産業株式会社）を中心とするパナソニック・グループの経営組織は，パナソニック（株）の社内では基本的に商品別の事業部制をとり，しかも事業領域からみていくつかの関連する事業部をまとめて「社内分社」としている（図表1-5参照。社内分社は，会社によっては「社内カンパニー」とも呼ばれている）。

また事業の領域種類によっては子会社に分社化しているが，グループ経営全体の観点からの管理の在り方からみると，パナソニック（株）社内の「社内分社」も社外の「子会社」もほとんど変わりがないものとして同列に取り扱い，「**ドメイン会社**」とも呼ばれている。それらはいずれもパナソニック本社の経営戦略上の**事業ドメイン（事業領域）**を担当しているからである。

パナソニック社ではこのような事業部制の考え方は1933年の導入以来，一貫して企業経営の骨格となっている。しかし，今日に至るまでに同社の海外活動

第1章 アダム・スミスの分業論からネットワーク組織へ

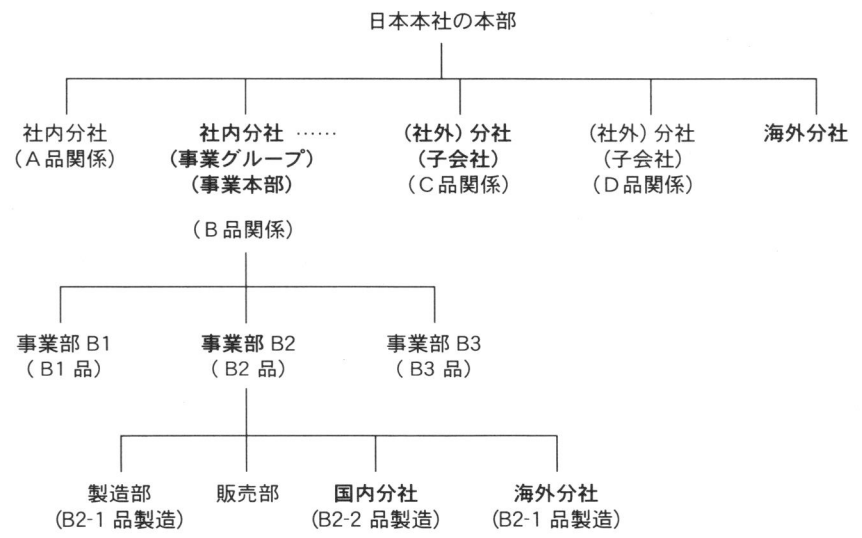

図表1－5　重層構造をもつ事業部・社内分社・国内分社・海外分社

```
                        日本本社の本部
    ┌──────────┬──────────┬──────────┬──────────┬──────────┐
  社内分社    社内分社……    (社外)分社    (社外)分社    海外分社
  (A品関係)   (事業グループ)   (子会社)      (子会社)
              (事業本部)     (C品関係)     (D品関係)
              (B品関係)
        ┌──────┼──────┐
     事業部B1   事業部B2   事業部B3
     (B1品)    (B2品)    (B3品)
        ┌──────┬──────┬──────┐
      製造部    販売部    国内分社    海外分社
      (B2-1品製造)        (B2-2品製造) (B2-1品製造)
```

の管理方式には変遷が見られるし，今後も変わっていく可能性がある。

ところで，パナソニック社に限らず，事業部・社内分社・国内分社および海外分社は一般にどのように設立されているか。それは図表1－5のような構造をもつことが多い。

図表1－5に明らかなように，子会社は本部に直属のものもあれば，事業本部ないし社内分社に直属のもの，さらには事業部に直属のものもある。したがってまた，海外子会社もこれと同じだけのレベルで存在することになる。

12・2　パナソニック社のドメイン会社内における垂直統合モデル

パナソニック社は，2003年4月までに松下グループ内の全事業を**14の事業領域**（「**事業ドメイン**」と称する）別に再編した。その再編にあたっては，子会社の取り扱い事業を分割して他の組織単位に併合したり，本社に吸収したりした。

14の事業領域内では，「事業別の専門企業」（これを「ドメイン会社」と称する）が開発，製造，販売を一元管理することになる。このドメイン会社には，社内

19

分社と社外の分社がある。

　当時、旧来の事業部内の製造部はこれを複数の事業部の製造部をまとめて「ファクトリーセンター」を設置し、また販売部についても複数の事業部それぞれに販売部をおくことをやめて、家電再販商品の「マーケティング本部」やデバイス関係商品の「インダストリー営業本部」を設置した。これらの措置が**事業部の解体**という側面をもつのに反し、逆に事業ドメイン会社のレベルでは開発・製造・販売が垂直統合されて自己完結的に一元管理されるので、事業部制の本来の精神である「自主責任経営」は今も確保され堅持されていると見ることもできる。

§13　需給均衡型のネットワーク組織とは

　筆者が良いと考える組織は「垂直提携型の組織」であるが、このような組織は世に「ネットワーク組織」とか「バーチャル組織」として呼ばれているものと同じである。

　ネットワーク組織とは、企業活動のR＆D（研究・開発）、生産、物流、販売などの異なる職能の間で、**自社が強い職能だけを残し、他の職能は市場の中で競争力をもっている職能を業とする他社と「提携」**する組織構造である。これは単なる市場からのアウトソーシングの利用ではなく、いわば「系列化」するので、「ネットワーク」の組織となる。このネットワークは「サプライチェーン」といってもよいし、「企業間関係」(inter-firm relations) といってもよい。

　企業のトップは、「自らの会社の存在理由、存在価値は何か」を自問しなければならない。すなわち、「社会のために自社は何で貢献することができるのか、自社は業界の他社と比べてどの点でお客様に売ることのできる強み（競争力）を持っているのか」を自覚し、その競争力の源泉である分野に経営資源を集中して投入すべきである。その分野を自社の仕事にすべきである。

　ここに「**提携**」とは、長期間にわたる取引関係の構築を意味し、技術提携、共同開発、ライセンス供与、共同生産、生産委託、販売委託、資本参加、合弁

事業の設立，さらには子会社化や合併までも含む。ここで，筆者は，**垂直結合の組織を単一企業で構築するのではなく，複数企業間のネットワークで構築する**ことを推奨する。

　ここで定義しておくと，ネットワーク組織とは，複数の企業が形成するネットワークであるが，その構成企業群が協力しあってネットワークの全体があたかも単一企業のように行動するものである。ネットワークは，中核企業とその中央的権限に従うネットワーク構成企業群からなり，中核企業は自らが卓越している職能分野のみを担当し，他の職能分野はそれぞれの職能で優れた競争力をもっている他の企業にすべて外注する。

　従業員も，市場の中で専門職としてネットワーク組織間を渡り歩くことが可能な人間になることが望ましい。

§14　ネットワーク組織の構造：事業部制からネットワーク組織へ

個別企業の存在価値：競争力の源泉分野

　それぞれの職能領域で最強のメンバーをもったネットワーク組織ができあがる。このネットワーク組織全体としては機能的には垂直に結合されている組織である。それは図1－6のようになるが，読者におかれては，この図表1－6を典型的な製品別「事業部制組織」の図表1－3と比べていただきたい。

　図表1－6を縦の事業ごとに見た場合，職能別に最強の企業と提携する姿は，あたかもアダム・スミスの考えのような，「市場における企業間の分業」と同じだと見る人もいるかもしれない。だが，それは違う。スミスは，「市場における企業間の分業」を善（よし）として主張したが，筆者はあくまでも「**組織内における分業**」を主張している。ただし，その組織は単一企業組織ではなく，ネットワーク組織である。

　たとえば，ＩＢＭ社では，2003年にプロクター・アンド・ギャンブル（Ｐ＆Ｇ）(80か国で約10万人の社員を抱える消費財大手)から人事業務サービスの委託を受

図表1－6　ネットワーク組織の概念図

	事業A	事業B	事業C
職能1 （開発）	▨	▨	▨
職能2 （製造）	▨	▨	協力製造 会社 と提携
職能3 （販売）	▨	協力販売 会社 と提携	協力販売 会社 と提携
間接業務1 （情報処理）	協力会社と提携		
間接業務2 （人事）	▨	協力 会社 と提携	協力 会社 と提携
間接業務3 （法務）	シェアードサービスセンターの利用		
間接業務4 （経理）	シェアードサービスの利用		

▨ は，自社が強い分野

け，Ｐ＆Ｇの人事部門の800人がＩＢＭに移籍した。この両グローバル企業がもつ人事業務の最良の方法論を持ち寄り，ＩＢＭの世界3箇所の人事サービスセンターから全世界に人事サービスを提供することになった。これにより今後10年間でコストを3割削減し，出張精算，福利厚生，海外赴任などのサービスをより迅速に手厚く社員に提供するという。これはトップ主導の「ビジネス・プロセス・マネジメント」である（大歳（2004）参照）。

　さらに，いわゆる「シェアードサービスセンター」（サービスの共同利用センター）の利用も，ネットワーク組織の構築手段の1つである。

ＮＥＣの事例

　ＮＥＣでは，資産効率重視の経営に転換するために，主力の通信機器の海外生産子会社8社を売却した。パソコン関連の海外工場も売却した。売却先はＥＭＳ会社などである。国内でも半導体を除く**パソコン，プリンター，携帯電話，通信機器**などの生産を担当する**13の生産子会社を生産受託会社**（ＥＭＳ：Electronic Manufacturing Services）**に転換**して，ＮＥＣはこのＥＭＳにアウトソーシングするとともに，ＮＥＣ本体からの独立性を高め，**将来は株式上場も目指す**という。たとえば，パソコンディスプレイを生産するＮＥＣ長野などでは，すでに電子機器の**受託開発・生産の事業化**に向けて営業やサービス部門の新設を行った。ただし，半導体工場の場合は，生産技術が高度でデジタル製品の中核となるため，売却やＥＭＳ化の対象外としている。

　ＮＥＣの目的はどこにあるか。

① 付加価値の低い工場機能を外部委託に切り替えることによって，全社の資産をスリム化して固定費の負担を軽減すること。

② パソコンや通信機器などは部品の標準化，汎用化が進むとともに利益率が低下し，組立て生産だけでは利益を出せなくなっているので撤退すること。

③ 業界の技術革新が激しいので，市場や技術の変動に速やかに対応するためには，海外工場から調達するよりも国内工場やＥＭＳ企業から製品を調達した方が需要変動に即応しやすいことなどが挙げられている（日経新聞，2001年1月5日）。

§15　事業部制組織をネットワーク組織に再編する理由

不況期のビジネスモデル

　90年代の日本のバブル崩壊期には，

1） 家電製品の市場成長は止まり，いわゆる成熟化し，企業全体，グループ全体として固定的資源の不完全操業が起こり，資源重複のムダが顕在

化した。さらに，

2) もうひとつの要因として，**商品間の技術融合の必要性**が出てきた。家電製品や情報機器がネットワークでつながる時代が到来しつつあるので，各商品の商品企画から製品開発の段階において，事業部間の相互コミュニケーションが重要になってきたのである。

　これら1）と2）の欠陥を克服するために，図表1－6に見られるように，従来の典型的な製品別事業部のそれぞれが解体されるようになり，図表1－6の形に製品ごとに「ネットワーク組織」が形成されるようになってきた。この図で事業ごとにネットワーク組織は，「開発→製造→販売→さまざまな一般管理業務」を通してのサプライチェーンにおいて，多くの企業が連携プレイをしているので，組織構造としては事業部がネットワーク組織に変わってしまったのである。その場合，類似する複数の事業部を包摂した事業ドメイン会社（これは「社内分社化」であったり，「社外の子会社」であったりもする）がネットワーク組織になっているケースが多い。パナソニック社の事業ドメイン会社はそのような構造をもっている。その場合，従来の製品別事業部ごとの工場機能や販売機能はドメイン会社の中でそれぞれ集約化されている。したがって，事業ドメイン会社の中では，伝統的な製品別事業部制の欠点であった商品間の技術融合の困難さは克服されていて，縦割りの弊害は出ないようになった。

§16　ネットワーク組織の固有概念

　本書で筆者が強調する企業間提携の組織，あるいはネットワーク組織は，従来，「中間組織」という言葉で表現されてきたものと似ているという人もいるかもしれない。

　中間組織の概念は，今井・伊丹・小池 (1982) を嚆矢として展開されたものである。

　同書によれば，基本的にはコースの「市場と組織の選択の理論」をベースにしながら（今井ら (1982) pp.47-62），中間組織は「『市場と内部組織』という二

第1章 アダム・スミスの分業論からネットワーク組織へ

分法に対してその中間領域を形成するものである」(同上書p.126)とされ,その特徴を「市場原理と組織原理の相互浸透」(pp.136-159)であるとして,市場原理と組織原理という2分法からその中間的性格をもつものとして描写している。すなわち,参加者の決定原理とメンバーシップという2つの指標について,純粋の市場と純粋の組織それぞれの特徴から見て,それらの特徴の相互浸透による折衷的なものと捉えられている。

このような「中間組織」の概念が四半世紀余も前(1982年)に提示されたことについては,当時の斬新さと独創性には敬意を表すべきである。また,「もしその中間組織が市場の失敗も内部組織の失敗をもともに避け,逆に両者の長所を生かそうとするならば,それは企業グループないし企業集団の基本的な組織論となりうるはずである。」(今井ほか(1982)pp.126-127)といわれる点は今日も意義がある。

しかし,筆者はここで,ネットワーク組織それ自体がもつ独特の意味からネットワーク組織をダイレクトに概念づけてみよう。

ネットワーク組織の固有の特徴は,その組織が参加企業の共同活動によって新たな価値創造がなされるということにある。さらに,その組織の参加者(複数の独立企業)による参加の意思決定は,ネットワークの中核企業による参加者へのインセンティブ(誘引,刺戟,報酬)付与に対し,各参加者たちがそれぞれ満足するかどうかでなされる。したがって,参加者は参加の意思決定にあたって自律性がある。

また,参加者に提示されるインセンティブは,参加後の共同活動によって新たに生み出される「価値創造分」の予想配分額である。その価値増分,価値創造分あるいはプレミアム価値は,いわゆるシナジー効果に相当するものである。シナジー効果は,「相互補完性」(「相補性」;complementarities)とも呼ばれる。

このような特徴は純粋の市場内取引にはないし,純粋の個別企業組織の組織内取引にもない。つまり,**純粋の市場にも純粋の組織にも,「複数の独立企業の共同活動による価値増分」という概念はなく,「個別企業の独立活動による価値」**(つまり,個別企業のスタンドアローンの価値)しかなく,純粋の市場取引は

25

そのような「独立企業の独立活動による価値」を交換している。したがって，ネットワーク組織の上記の特徴は，純粋の市場の特徴や純粋の組織の特徴から抜き出した指標のミックスからは描きえない特徴である。

　あえてコースの取引コスト概念とシナジー効果の概念の関係をいえば，市場取引でなく組織内取引をする場合における「取引コストの節約」は，シナジー効果の一部である。つまり，前者は後者の部分集合にすぎないのである。企業間協力によるシナジー効果には，市場取引の場合の取引コストが節約されるだけでなく，統合後企業における重複した職能部門のリストラ効果，規模の経済によるコスト低減，さらには販路の共有による増収増益効果，技術の融合による新製品がもたらす増収増益効果などが含まれる。

第2章

ネットワーク組織の中核企業の役割

§1　本章の目的

「市場取引に任せると，自動的な価格調整機能によってあらゆる財の需給均衡が自動的に成立する」というのが，スミスからワルラスに至る一般均衡理論であった。しかし，現実には過剰生産あるいは需要不足による個別企業の倒産も，産業での需給アンバランスも常に起こり，わが国では90年代以降にほぼ15年間も不況が続いた。M&Aの世界では，株式市場重視主義がまかり通っている。株式市場は中央集権的な需給調整機構（証券取引所の機能）のもとにある市場だが，そこでの売り買いは投機の世界であり，その市場は時に暴走する。日本では90年代初めまでにバブル価格がピークに達し，突如としてバブルが崩壊した。15年不況もこれが引き金となった。2007年に始まった米国の金融危機が惹き起こした世界大不況も，米国の不動産価格の低下が引きがねになり，サブプライムローンを担保とする証券化商品の暴落から開始した。

このように，市場の価格メカニズムだけに頼っていては，実物財の真の需給均衡はなかなか成立し難いのである。

そこで，組織による需給均衡を図るべきだというのが私の主張である。私は，アダム・スミスからハイエクやミルトン・フリードマンに至る今日の市場原理

主義の席捲に対し，市場競争の良い面を取り入れた新しい組織原理主義を提唱したい。そこで大事なことは，最終商品市場の需給変化に即時に対応して自社の供給を調整できる仕組みが，「組織」に組み込まれていなければならないということである。

　このために前章の商品別事業部制の原型のように，私の原初的な構想は，研究開発から製造，販売に至るまでの「垂直的統合の組織」をつくれば，一社で上流からの供給と下流の最終消費者に近い需要充足担当者との距離が近いので需給均衡が図りやすいというものであった。これはチャンドラーのいう「見える手」（Visible Hand）でもある。しかし，一社で垂直統合型の組織を作れば，それは大規模なものになるので，需要不足の時には供給を削減すれば固定費を回収しえず，したがって利益を生み出すことが至難であろう。そこから独占の弊害が生まれてくる。

　そこで垂直統合ではなく，サプライチェーンの各段階における個別の商品（生産財）の市場で採算をとりながら需給調整することが可能な垂直提携型の組織（ネットワーク組織）を推奨するが，そのような組織の形態をどのようにデザインし，かつどのようにコントロールしていくべきかの問題を本章で解明する。

§2　ネットワーク組織とは

　前章で定義したように，ネットワーク組織とは，企業活動のR＆D，生産，物流，販売などの異なる職能の間で，自社が強い職能だけを残し，他の職能は市場の中で競争力をもっている職能を業とする他社と「提携」する組織構造である。これは単なるアウトソーシングやシェアードサービスの利用ではなく，いわば「系列化」するので，「ネットワーク」の組織となる。このネットワークは「サプライチェーン」といってもよいし，「企業間関係」(inter-firm relations)といってもよい。

　ここに「提携」とは，長期間にわたる取引関係の構築を意味し，技術提携，共同開発，ライセンス供与，共同生産，生産委託，販売委託，資本参加，合弁

事業の設立, さらには子会社化や合併までも含む。ここで, 私は, **垂直結合の組織を単一企業で構築するのではなく, 複数企業間のネットワークで構築する**ことを推奨する。

ここで再定義しておくと, ネットワーク組織とは, 複数の企業が形成するネットワークであるが, その構成企業群が協力しあってネットワークの全体があたかも単一企業のように行動するものである。ネットワークは, 中核企業とその中央的権限に従うネットワーク構成企業群からなり, 中核企業は自らが卓越している職能分野のみを担当し, 他の職能分野はそれぞれの職能で優れた競争力をもっている他の企業にすべて外注する。

§3 ネットワークの中核企業の3つの役割

ネットワーク組織も「組織」であるからには, 必ず・本・部・と・し・て・の・中核企業が存在していなければならない[1]。中核企業の経営者の中央集権的な権限によってネットワーク参加企業の行動は支配されるが, 参加企業がネットワーク内である範囲の分権的決定の権限も付与されるのは, 事業部制の垂直統合企業の各事業部と同様である。

ネットワーク組織の中核企業がネットワークで果たす役割は, 次の3つである。

(1) **ネットワークにおいて各企業が分担すべき必要な職能（役割）を認識し, メンバー企業を選定すること。**

これは**第1の「戦略的決定」**の機能である。ただし, 中核企業はネットワークのメンバー候補企業にメンバーになることを強制することはできない。たとえ資本力によって敵対的買収をかけたり, 敵対的TOBをかけたりしても, その買収対象企業は独自にポイズン・ピル（毒薬としての新株予約権）を発動したり, 当該ネットワーク外の他の企業にホワイトナイトになってもらって, 他の企業とリーグを組んで防衛に走ることができるからである。

中核企業が果たすべき**第2番目の戦略的決定**の問題は, 企業間結合の形態を

決定することである。

(2) メンバー候補企業にネットワークへの参加を誘導すること。

中核企業はまた，メンバー候補企業が自ら参加を決定するように，インセンティブ（誘引）としての利益配分を決定し提示する。このようなインセンティブ・システムを設計し，これを適用して参加企業に影響づけることは，「マネジメント・コントロール」の機能である。

(3) ネットワークの参加企業間の資源配分決定あるいは需給調整決定。

ネットワークは通常，サプライチェーンの上流から下流に及ぶ企業からなるが，その企業間の需給関係の数量割当を決定する。つまり，市場の需給変動に対し，サプライチェーン全体を通じて当該商品の需給調整が中核企業の権限による直接的な数量管理によって迅速に行われる。

さらに，ネットワーク内の個々の企業は固定資本財を多くもたないので伸縮的に適応でき，しかも中核企業の指示を通じて自社の需給均衡を達成しやすくなる。固定資本財を自社で大きく抱えないから，償却費などの負担も少ないので生産調整しやすいからである。

この機能は，通常，基幹業務ソフトＥＲＰに組み込まれたＭＲＰ（Material Resource Planning）の仕組み（つまり，最終の製品別需要量に必要な各種部品の所要量を算出する仕組み）を使って，機械的な情報処理で遂行されるので，いわゆる「タスク・コントロール」（課業のコントロール；オペレーショナル・コントロールともいう）としての管理機能である[2]。

§4　戦略的決定その1：Ｍ＆Ａによるネットワーク参加企業の選択

Ｍ＆Ａが今わが国で増加している理由は，産業界には新しい技術が次々と生まれているが，その新技術を自社に取り込んで，新しい需要のシーズ（種）を掘り起こし，新しい需要を創造することが意図されているからである。

樋口広太郎氏（アサヒビール名誉会長）は，2000年5月11日号の日経新聞で，

(当時)「失われた10年」の大不況のさなかで過剰設備，過剰雇用などの供給力過剰，いわゆるオーバー・キャパシティの面ばかりが世に強調されがちであった時に，「問題の本質はそうではなくて，消費者のウォンツ(欲望)やニーズの存在する分野に素早く経営資源を集中する形での自己変革ができるかどうかがポイントである」と喝破した。そのためには，マーケットに密着した研究開発こそが命であると強調されていた。

このような新技術を一社だけで研究し開発していき，顧客に魅力的な新しい製品につなげるには時間がかかる。この「時間を買う」ために，企業は合弁会社(ジョイントベンチャー)や，株式買収による子会社化，合併，資本提携などによって最新の技術を迅速に取り込み，イノベーションを起こして新需要を創造しようとしている。

確かに，近年の合併は，需給不均衡のもとでも同一業界で補完しあう知的財産権を統合して新需要を創造するための合併が増えている。

たとえば，2003年8月の**コニカとミノルタの合併**では，情報機器ではコニカはモノクロ高速複写機と重合トナー技術(トナーの粒子を微細化し，かつ均一化する技術)に強く，ミノルタはモノクロ低速機とカラー複写機に強い。そこで，コニカの重合トナー技術とミノルタのカラープリント技術とを融合して新しいカラートナーの開発が可能になる。このように技術融合からのシナジー効果が生み出される。これはイノベーションによる新規需要創造で需給均衡を図る措置である。

他方で，工場や機械，労働力を統合してキャパシティの増加ないしは縮小整理を図る合併も必要である。多角化企業が，手がける事業のうち陳腐化した技術や古くなった事業については，(伸ばす事業で新規需要創造すると同時に)整理(除去)していかなければならない。これは**需要のなくなってきた事業の縮小化，つまり供給能力の削減**である。この例としては，多角化企業の成熟事業だけでなく，金融業界や素材産業の典型である製紙業界では，企業統合によって供給能力の縮小が図られてきた。

コニカとミノルタの合併でも，直接的かつ短期的なシナジー効果は，「規模

の経済」としてのリストラ化であった。つまり，両社の拠点統合による拠点数の削減，人件費削減（4,800人の削減），商品統合による節減などのコスト削減効果である。

　しかし，日本では株主の利益だけを一元的に考慮して簡単にその事業から撤退を図ることは難しい面も時にはある。労働組合や企業としての地域貢献（雇用貢献）など他のステークホルダーのことも考えるという多元的な配慮が必要である。このために，その事業を同業他社と合弁会社を作ってそこに移管するとか，その事業の業界でより強い他社に売却して再生してもらうなどの措置がとられることが多い。これもM＆Aである。

　市場の需給変動に対応して企業がミクロに需給均衡を達成させるためには，個々の企業レベルで**競争力のある事業は残しM＆Aによって他社も統合してさらに補強**する。競争力のない不採算事業は売却し，より強い企業に買ってもらって再生させる。これは事業間の組織再編である。このようにM＆Aによっ**て事業規模を拡大したり縮小したりすることは市場の需給変動に企業が迅速にダイナミックに適応することを可能にする。**

　なぜならば，M＆Aの最大の魅力は「時間を買うことができる」ことにあるからである（堀井慎一（2005）pp.58-59）。供給能力を拡大しなければならないと考えている企業経営者にとっては，一から設備投資を始めるよりも，既存の同業他社を買収してしまえば瞬時に能力拡張ができる。また供給能力を縮小しなければならない時には，不採算事業を固定設備や専従の従業員とともに市場におけるより強力な同事業の会社に売却すれば，これまた瞬時に規模縮小が可能になり，企業ないし企業グループ全体の採算をとることができる。

　しかし，合併で規模が大きくなった大企業が，新規参入企業を締め出そうとしたりすると，それは競争制限的な市場になってしまい，弊害がある。なぜなら，たいていの技術革新は新規参入した小さな企業がもたらすことが多いからである。

オープンな適応的システムとしての企業間ネットワークの境界

　かつてサイアートとマーチはその共著「企業の行動理論」(Cyert and March (1963)) において，企業は外部環境への「適応的システム」(adaptive system) であるとして，外部環境要因（外生変数）に対して内部の決定すべき要因（決定変数，内生変数）を決めていく刺激・反応の関係で捉えた。ネットワーク組織もまた，このようなオープン・アダプティブ・システムである。

　なぜなら，上に述べたように，ネットワーク組織は，需要のなくなってきた不採算の事業から撤退し，また有望な新規事業をもつ他社を取り込むからである。このようにネットワーク組織は，一種の系列化した企業群とはいえ，時間の経過にともなって間歇的にメンバー企業の出入りがあるので，その組織としての境界はファジーである。外界と内部との間に明確で堅い壁があるわけではない。

　したがって，たとえば現在あるネットワーク組織の中核企業が持株会社である場合に，これが現在のネットワーク内にない他社を株式交換によって「完全子会社」にして取り込む場合，両社は独立の法人としての形態は残るので「新しい企業間関係」の成立ともいえるが，実質的には合併と変わらないし，これを両社の完全合一化を意味する広義の「合併」と呼ぶこともある。

第1編　企業間関係のネットワーク組織

§5　戦略的決定その2：企業間結合の形態のデザイン

　ネットワーク組織における企業間の結合のタイプは，アダム・スミスが主張した完全な市場取引から，チャンドラーが検証した1920年代までの完全な垂直統合組織（当時のスタンダード石油やUSスチールなど）の間で，さまざまなタイプが存在する。それを「結合の程度」（あるいは相互依存性の程度）を軸にして並べると，次の図表2-1のようになる。

図表2-1　企業間の結合の諸形態

結合の形態	支配力 (コントロール)	シナジー効果	固定費回収 リスク
合併	最大	最大	最大
子会社化			
資本提携			
業務提携	最小	最小	最小
市場取引	0	0	0

　この図表2-1の左端にあるように，市場取引から業務提携，資本提携を経て子会社化，合併に至るまでのさまざまな企業結合の諸形態は，ネットワークの中の企業間で選択的に採用し，部分的に併用することができる。
　図表2-1における「合併・子会社化・資本提携・業務提携」の具体的な手法とその目的を明らかにしたのが，図表2-2である。ただし，筆者は主としてサプライチェーンの企業間ネットワークを想定している。

第2章 ネットワーク組織の中核企業の役割

図表2-2 企業間ネットワークの構築手法と目的

企業間のサブライチェーン（バリューチェーン）

業務提携のサプライチェーン	資本提携のサブライチェーン			連結企業集団のサブライチェーン		合併・買収・吸収分割でサプライチェーンのメンバー変更	
	少数株主持分	株式相互持合い	合弁会社	20%超の所有で関連会社化	株式買収・TOBで50%超の所有	株式交換による完全子会社化	株式移転による持株会社化
技術提携 共同開発 ライセンス供与 共同生産 生産委託 販売委託	取引の長期提携化		相互の事業分離して結合。不採算事業からの撤退も	関連会社事業に影響づけ	子会社事業の支配	新事業会社を買収して支配	

35

補完性（相互依存性）あるいはシナジー効果の源泉としての支配権

　まず，なぜ企業間の関係のネットワークが生ずるかといえば，企業間には連携によって企業相互の「補完性」が得られ，相乗効果（シナジー効果）がもたらされるからである。さらにいえば，企業間の関係ネットワークに参加することによって，このシナジー効果の配分にあずかれるというインセンティブがあるからである。

　ネットワークの企業間結合の諸形態の中で，**最大のシナジー効果**は中核企業が他の企業を合併して**支配権**を獲得した場合に実現できる。なぜならば，中核企業の元の株主とその代弁者たる経営者は統合後企業の株主総会に株主として出席して，自己の意思でターゲット企業の事業を改革できるからである。これが合併のメリットである。支配権を得ていない状況ではターゲット企業の事業活動はターゲットの従来の経営者が行うから改革は必ずしもよく進まない。

　合併の場合，消滅会社への支配権が合併会社の株主に移転するケースは，存続会社の元の株主が統合後会社の株式の過半数を保有する場合である（このケースでは，消滅会社の元の大株主といえども，統合後の会社の株主総会で支配力を行使し得ない）。

　また，支配権は「**子会社化**」でも得られるが，その支配力は保有株式の議決権比率の大きさに比例する。

　単なる「**少数株主としての資本提携**」など，子会社化よりも緩い企業間結合の形態では，たとえシナジー効果が生じるとしても，子会社化などで支配権を獲得した場合よりも小さなシナジーにとどまる。

(1) 合　　　併

　図表２－２で，「合併」は完全な統合企業だから，ネットワークのメンバー企業の法的独立性がゼロとなるが，ネットワークの中で**部分的に合併**という強い結合タイプが採用されてもかまわない。ネットワークの中の一部の既存メンバー企業の間で合併や資本提携が行われるということは，連結企業グループ内の組織再編（合併）に限定されずに，ネットワーク組織という組織の内部で「Ｍ＆Ａによる組織内価格インセンティブによる取引」が行われることを**意味する**。

このインセンティブは,価格を使った「シナジー効果」の配分である。

どういうことかというと,ネットワーク内のこれまで資本的に相互に独立していた企業が少数株主として資本提携する場合にはＴＯＢ(公開株式買付け)の**株式買収価格**の大きさが被買収側のターゲット企業株主にとっては価格インセンティブになる。また両社間で完全に合併する場合には**企業買収価格**の大きさが価格インセンティブになる。<u>これらのことが,市場取引ではなく,ネットワーク内で組織内取引として行われるのである。</u>

さてそれでは,最大のシナジー効果が得られる合併による1社統合だけが行われるのでなく,ネットワーク組織が構築される理由はどこにあるのか。それには完全な垂直統合組織のディメリットを考える必要がある。そのディメリットとして,コースら伝統的な組織経済学者が唱える「調整のコスト」あるいは「管理のコスト」の増大は,今日ではＩＴ(情報技術)によってほとんど大きな問題にはならない。筆者はむしろ次のようなディメリットを問題にする。

1) 固定費の回収リスク:

これは繰り返し述べているように,1社統合組織では巨大な固定資産を1社で抱えなければならないから,その固定費を回収するリスク(不況期に回収できなくなるリスク)を1社で負担しなければならなくなるというディメリットである。このリスクを企業間で分散できるのがネットワーク組織である。

2) 相互満足な利益配分の困難さ:

アダム・スミスも強調したように,各企業はすべての分野でベストになりえない。スミスはそのことの故に,各企業は市場で分業して価格による市場取引を行うことを良しとしたのである。しかし,市場取引の価格システムは必ずしも円滑に迅速に需給均衡をもたらさない。そこで,ネットワーク組織がその解決策として登場する。各企業は自社のコア・コンピタンスを有する領域でネットワークに参加し,他社がコア・コンピタンスをもっている領域ではその他社と手を組んでネットワーク組織を構成するのである。

ここで強調しておかなければならないことは,スミスは「市場取引」を主張したが,私は市場取引とは区別される「ネットワーク組織の『組織内取引』」を

主張していることである。

ところが、ここでもなぜそれぞれの領域でコア・コンピタンスをもっている各社が資本的に完全統合しないのか、という問題がある。私見ではそれは、個々の参加企業にとっては**完全な「結託」**(coalition)**を形成した場合の配分利益**よりも、**完全結託に参加しないで独立性を保持した場合の獲得利益の方が大きくなることがあるという問題**である。

なお、最大のシナジー効果を狙う以外の完全統合の理由として、中核企業は、他社あるいは同業者の他のネットワーク参加企業に自社の特許情報などの**企業秘密を保全**しなければならない場合がある。このときには、資本提携を行うが、秘密漏洩による損失があまりに大きいと予想される場合には、そのリスクをなくすために参加メンバー企業を買収し、子会社化したり、時には合併したりする（Galbraith (2002)）。

(2) 子 会 社 化

「子会社化」は、中核企業がネットワーク内の参加企業の議決権につき株式の過半数（50％超～100％）を所有することである。その主要なメリットは、先にのべたように、支配権の獲得にもとづく「シナジー効果」の追求可能性の利点である。親会社は子会社の株主総会を通じて自己のグループ戦略を貫き通すことができるからである。

しかし、私見では、ネットワーク組織における垂直結合の程度は、資本的には100％出資の完全親会社・完全子会社の関係になるのがベストとは限らない。なぜなら、そのような結合は資本的には単一企業とほとんど変わらないことになるからである。つまり、ネットワークに参加している全企業の抱える資産・負債が中核企業の連結貸借対照表に現れ、連結企業集団全体としては単一企業になって合併の場合と同様にすべての固定資本財を所有することになり、連結企業集団の本社はその固定資本財から生ずる固定費総額をすべて回収するリスクを負わなければならなくなる。これでは、当該商品の市場の需要減退時に迅速に適応することが困難になる。

しかし、ネットワークに参加する企業が資本提携して、100％出資ではない

連結子会社・親会社の関係や，持分法適用会社の関係になることはリスク分担の観点では望ましいであろう。この場合にも連結決算は行われるが，連結企業グループ全体としては上記の完全子会社の関係からなる実質単一企業体の場合と比べて，固定資本財の負担が軽減されるから市場変動に適応しやすくなる。

およそ社会における株主の役割は，資本（資金）を企業に提供して事業運営の成果についてリスクをとることにある。ネットワーク組織における提携企業間では完全な100％の親子関係をもたずに，それぞれの会社がいわゆる「少数株主」を外部株式市場にもつことによって，企業グループとしてのネットワーク組織は親会社（大株主）と少数株主との間で損失リスクを分担できる。なぜならば，連結会計では子会社の総資産は親会社のバランスシートに計上されるが，子会社の生産削減によって子会社に損失が出ると，連結の損益計算書では「当該子会社の出した損失に対する少数株主持分」は連結利益から控除されるからである。この少数株主の損失分に対しては（親会社ではなく）当該子会社の経営者と少数株主に責任を分担させることができる。

(3) **資本提携**

「資本提携」には，①**合弁会社**（ジョイントベンチャー），②**株式持合い**，③**少数株主としての資本参加**，の３形態があるが，結合の強さ（支配権）の程度はこの順番になる。

まず，少数株主としての資本参加であっても，株主として経営参加権は得られるので，ある程度のシナジー効果を出すことはできる。しかし，少数株主であるから，出資資金の運用について使途を特定して事業計画に深く関与することはできないので，コントロール・プレミアム（シナジー効果の分け前）は限られる。

株式持合いは，今日では敵対的買収に対する企業防衛策が主な狙いになっている。

合弁会社の場合には，通常は対等の出資比率になるが，出資先が特定事業に限定したジョイントベンチャーであるから，出資の使途は初めから特定化されているので，お互いに出資の範囲内で経営参加権を行使して両社の間でリスク

もリターンも共有できる。ただし，対等出資が原則だから，いずれの企業も支配権を掌握することはできない。だが，ネットワーク組織の中での合弁企業はどのような位置づけになるのか。それはたとえば，連結企業集団の中の2つの子会社や資本提携している2社が，それぞれ同一の事業を分離させ，それらの事業を新設の合弁企業に移管するようなケースである（これを日本の企業結合会計基準では「共同支配取引の形成」という）。

　事例として**トヨタ自動車**なども，傘下の部品メーカーとは「少数株主としての資本参加」をしているのみであるが，実質的な「支配力」を部品メーカーに対して有している。たとえば，主要な部品メーカーとの関係は部品メーカーの総供給量の最大割合がトヨタに向かうことから，トヨタがその系列（ネットワーク組織）の中核企業になる。またトヨタは主要部品メーカーにはトヨタから役員を派遣しているので，この面でも部品メーカーの供給量の決定はトヨタの指図に従うことになる。

　それでも，トヨタの部品メーカー（たとえば，デンソー，アイシン，豊田合成など）はトヨタ以外の完成車メーカーにも部品を供給している。そのことによって当該部品メーカーはトヨタからの需要変化に対して「リスク分散」することができ，この部品メーカーは自社の製品（完成部品）を供給する複数の得意先を含んだネットワークの中で，自社を中核企業と見立てることができる。

(4) 業務提携

　「業務提携」は，主にサプライチェーンの中でアウトソーシングに関する長期（数年間）の契約である。それは，開発・製造・販売・情報処理・一般管理（人事・法務・経理等）などのあらゆる業務のうちどれかの特定分野で複数企業同士が協力関係を結ぶことである。しかし，同業者の間でも特許技術のクロス・ライセンス契約を結び，企業間で協同して新製品の開発に挑戦することもある。

　ネットワーク組織の参加企業が一切の出資関係なしに業務提携だけでつながっている場合には，連結会計は適用されず，個別企業の個別決算だけが行われる。したがって，株式市場からは個別企業の業績だけが問われることになる。

この場合は，ネットワークのグループ運営の成果は，株式市場でネットワーク全体について問われることがないので，グループの固定資本財保有のリスクは完全に分担される。したがって，一見すれば，当該商品市場の需給変動に対して個々のネットワーク参加企業は最も柔軟に適応できるように見える。しかしながら，（連結決算されない場合の）個別決算制度の欠点として挙げられる，いわゆる「押し込み販売」（上流企業から下流企業へ販売されたモノが最終消費者に売り切れずに在庫される状況）などの弊害が残る可能性があり，当該ネットワーク全体の効率は改善しない可能性もある。

(5) 市場取引

最後に，ネットワーク内の一部の企業が「**市場取引**」で財貨や用役を購入する場合（スポット購入）には，仕入先の企業は市場という海に浮かぶ島のようなものであるから，ネットワークの中核企業もその権限が及ばない。しかし，ネットワーク内の一部企業が市場取引の形で外部市場と繋がることはかまわない。この点が**ネットワーク組織の境界**である。ネットワーク内の最上流の企業は原料市場の会社と市場取引を行う（たとえば，自動車産業では鉄鋼メーカーは海外の石炭業者と市場取引する）。最下流のメンバー企業は最終商品の消費者市場と取引をする（自動車の系列では販売ディーラーは個人の消費者に販売する）。図表2－3を参照[3]。

図表2－3　ネットワーク組織の境界

```
                原料供給業者  ┐
                        ↑    ├ 市場取引
              ┌ 鉄鋼メーカー  ┘
              │
              │ 部品メーカー
  ネットワーク ┤
      組織    │ アセンブラー
              │
              │ 販売業者     ┐
              └     ↓        ├ 市場取引
                最終消費者    ┘
```

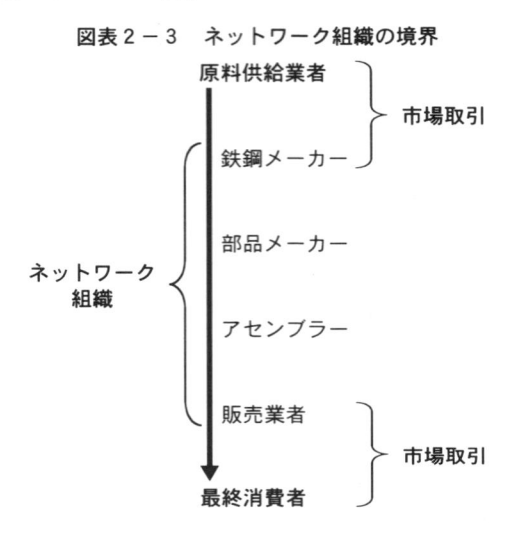

§6　マネジメント・コントロールとしてのインセンティブ・システムの設計

　ネットワーク組織の中においては，各参加企業は企業間の取引で自社だけが有利になる交渉を進めてはいけない。自社だけが「ウイン」する取引は，長続きしない。ネットワーク参加企業間では，いわゆる「ウイン・ウイン」の関係をもたらすことが必要である。これが§4でのべた中核企業の2番目の役割（マネジメント・コントロール機能）であり，§5の「合併」の買収価格のところで触れたインセンティブ・システムとしての利益配分システムであり，**振替価格・部品価格・資源移転価格あるいは買収価格**などによって達成される。

　このインセンティブ・システムによって中核企業が提示する配分利益を見て，メンバー候補企業が当該ネットワークに参加するかどうかを自律的に決定する。この決定は強制できない。あくまでも中核企業が配分利益というインセンティブによって参加を誘導できるだけである。

　しかしながら，配分利益という所得フローによるインセンティブだけでは，

ネットワークの中核企業が望むようなネットワーク組織の編成ができないこともある。

つまり、利益配分だけではメンバー候補企業が当該ネットワークに喜んで参加してくれないこともある。上にのべたように、「完全な『結託』(coalition)を形成した場合の配分利益よりも、完全結託に参加しないで独立性を保持した場合の獲得利益の方が大きくなることがある。」という問題、つまり、「相互満足な利益配分の困難さ」である。

しかし、たとえば、買収対象の会社が連結企業グループ内の子会社である場合には、完全子会社化や合併への勧誘が承認されやすい(4)。2002年に当時の松下電器（現パナソニック）の中村邦夫社長が推進した手法は、5つの子会社を「完全子会社」化したものであった。そうすれば、完全親会社の社長はその完全子会社の株主総会に議決権100％保有の株主として出向き、もはや資本の論理でネットワークの中核企業の中央集権的権限でその後のグループ組織再編（完全子会社の事業分離などでグループ内の事業の集約化）で本社の意思を貫いた。これは配分利益という所得フローによるのでなく、所有権による権限行使である。

さて、以上のような利益配分システムの設計問題は、ネットワーク組織を支える不可欠のツールであるが、これは管理会計問題でもある。

ネットワークに参加する企業間での「利益配分」の仕組みがテーマであり、垂直提携企業間で財貨やサービスの「振替価格」の設定や、総額での利益配分方式の設定が課題になる。ここでの「振替価格」の設定問題とは、バリューチェーンの鎖のつなぎ目において業務（サービス）の委託の価格をどのように設定するかである。サービスの委託側（サービスの受け手）はできるかぎり低い価格で委託しようとするが、サービスの受託側（サービスの提供側）はできる限り高い価格で提供したいと思う。ここで相互満足的な公平な利益配分のためには、ネットワークの「結合利益」への各参加企業の貢献度に応じた配分をすればよい。

サービスの振替価格では、たとえば、「サービス委託によって向上した生産

性の何％とする」といった契約もこの貢献度による配分に適っている（§3でのべたＩＢＭ社の人事業務サービスの受託に関する大歳氏(2004)の提案）。それはたとえば、ネットワークに参加して、ある特定業務のサービスを受ける前に自社が単独でその業務をこなしていた時の当該業務人員数と、他社の当該業務サービス部門に自社から送り込んだ人員数との差が生産性向上の大きさになる。これがいわばシナジー効果（融合効果）であるから、そのシナジー効果を両社で折半するなども一法であろう。この方法は、協力ゲームにおける利得の配分方法と同じ考えである。

さらに、上記の固定資本財保有（したがって固定費負担）のリスクを分担のためには、日本の自動車産業におけるアセンブラー（自動車メーカー）とパーツサプライヤー（部品メーカー）との間で行われている、固定費負担に関するリスク分担を考慮に入れた部品価格設定方式も使える。

企業買収における買収価格に買収プレミアムをどのように入れるかの問題も、やはりシナジーの配分問題である。

本書のメインの狙いは、このような利益配分のインセンティブ・システムの設計にある。

§7　タスク・コントロールとしての資源配分決定：トヨタグループの事例

トヨタ自動車(株)は、自動車の研究・開発は自社で、組立てと若干の部品生産も自社で担当している。しかし、大部分の部品生産は系列のサプライヤーに委託し、自動車の販売は独立の販売会社に委託している（ただし、各段階をより詳細に見れば、開発の段階でも系列のサプライヤーとの共同開発や、同業の他の自動車メーカーとの共同開発などもある。また最終組み立てをグループ内の他社に委託することもある）。しかも、部品メーカー、トヨタ、販売業者という3者の間は系列化しているが、モデルライフの変わり目には競争原理も働く。

また3者間を繋ぐ情報システムがあり、販売会社による3段階のオーダーエ

ントリーシステム(月次オーダー,旬オーダー,デイリーオーダー)によって**需要変動に対応しJIT生産**を実現している(つまり,「売れるものを売れるときに売れるだけ生産」する方式であり,これはリアルタイムの需給均衡を理想として狙った生産方式である)。これは見込み生産の究極のシステムだが,デルのようにネットで注文が来てから組立てを始める build to order の「受注生産」ならば,完全に需要に均衡した生産が可能である。

第2編

企業間協力を誘導する
インセンティブ価格の実践的役立ち

第3章

M＆Aの買収価格
－シティと日興の合併を事例として－

§1 本章の目的：M＆Aの買収価格はいかに「インセンティブ価格」として働くか

　M＆Aの合併や買収などに関する意思決定は，合併の両当事企業のうち，どちらかの会社の経営者だけの判断によるものではなく，両当事企業の双方の（株主の代理人としての）経営者が「合意」することによる決定である。その「合意」が得られるのは，つまり合併が決定されるのは，合併後企業が元の両企業の株主に与えるインセンティブ（報酬）に対し，株主の代理人たる両経営者がともに満足する場合である。

　そのインセンティブのうち経済的に最も重要なものは，合併後企業が獲得するであろう増分の利益（結合利益）－これはいわゆるシナジー効果－から両企業に配分される予想の「配分利益額」である。その配分利益に対し，両企業経営者（株主）がともに満足した場合にのみ，合併が決まる。

　したがって，M＆Aの企業統合による規模拡大の決定は，たとえばコースがいうような，限界的取引コストと限界的マネジメント・コストの比較によるものではなく，またそのような「限界原理」（marginal principle）による「最適化決定」でもない。M＆Aの企業統合は，合併のインセンティブたる「各企業へ

の配分利益総額」による「満足化決定」である（ただし，ここでいう「満足化」は，ハーバート・サイモンが主張した「限られた合理性」ゆえの「満足化原理」とは，その意味するところが異なる）。Ｍ＆Ａでの「満足化」とは，両当事者の「**相互満足化の原理**」(mutual satisfaction) とか，両当事者への「**公平な配分**（fair allocation）**への満足**」を意味する。

　Ｍ＆Ａの決定が「最適化決定」によらず，「相互満足化決定」による理由は，同じく企業規模拡大の決定であっても，１社だけで自らの生産能力拡大のために設備投資を行うかどうかを決定する場合と違って，Ｍ＆Ａでは複数の企業がひとつの連合体（coalition）に参加すべきかどうかの「**参加決定**」が決定内容となっているからである。合併の決定は，実務上は両経営者による最終的な交渉における合意でなされるが，そこでは，両企業それぞれにとってのメリットがお互いに満足できる（mutually satisfactory）ものかどうかが判断基準となる。

　ただし，複数の企業が新しい連合体に参加するかどうかの決定を各社が自律的に行うに際して，連合体のリーダーになる会社の経営者による影響づけがある。それは**連合体の「中核企業」の経営者**であり，彼は「結合利益」が最大になるような新しい連合体の構成メンバー（参加企業）を事前に選定し，そのメンバー企業が連合体に参加するようにインセンティブの配分を提示し，各メンバー企業がそのインセンティブに満足するかどうかを判断する[1]。

　このようにＭ＆Ａは単一人の意思決定問題ではなく，複数人の合意による意思決定問題であることに着目すると，その本質は合意にかかわる複数人へのインセンティブ（つまり，シナジー効果の配分額）に対する相互満足による決定であることがわかる。それは，理論的には協力ゲームのモデルで表現することができる。

　そこで本章の目的は，Ｍ＆Ａにおける買収価格の決定あるいはその中に含まれるコントロール・プレミアムの決定が，結合当事企業間の利益配分メカニズムに従うことを論証し，そのメカニズムを明らかにすることにある。筆者は，このような「利益配分によるインセンティブ（報酬）によって，ネットワーク組織への参加を誘導する目的をもつ価格」を「インセンティブ価格」と称して

いる。本章でのM&Aもまた合併がネットワーク組織の形態の１つであることから（第２章の§５参照），合併の買収価格がその役割を果たしている。

§２　「シナジー効果」の源泉と結果

上にのべたようなシナジー効果が成立するためには，その効果の源泉として，合併後の企業では，次のように需要面と供給面で改善・改革の活動が行われる必要があり，それぞれが売上増加とコスト削減をもたらして，結合後企業の内部でトータルの金額としての販売収益と生産費用をバランスさせる作用がある。したがって，M&Aによる企業統合には，ミクロの財務面の収支均衡化の機能がある（図表３－１参照）[2]。

図表３－１　M&Aのシナジー効果による需給均衡化

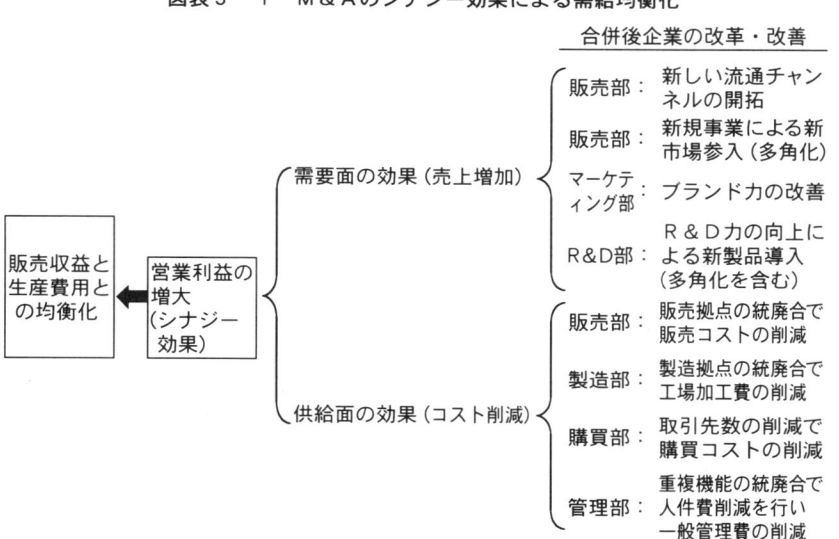

	合併後企業の改革・改善
需要面の効果（売上増加）	販売部：新しい流通チャンネルの開拓
	販売部：新規事業による新市場参入（多角化）
	マーケティング部：ブランド力の改善
	R&D部：R&D力の向上による新製品導入（多角化を含む）
供給面の効果（コスト削減）	販売部：販売拠点の統廃合で販売コストの削減
	製造部：製造拠点の統廃合で工場加工費の削減
	購買部：取引先数の削減で購買コストの削減
	管理部：重複機能の統廃合で人件費削減を行い一般管理費の削減

販売収益と生産費用との均衡化 ← 営業利益の増大（シナジー効果）

§3　コントロール・プレミアムと流動性ディスカウント

3・1　コントロール・プレミアム

　Ｍ＆Ａは合併公表前に各当事企業で現在の経営者の下で実現している独自の企業価値に加えて，合併する側の企業経営者（あるいは買収者の送り込む新経営者）がＭ＆Ａ後に新しい事業計画を導入して，新しく価値創造を行うものである。その事業計画では，両社の技術の融合による新商品開発や，販売チャンネルの融合などを通じて売上高が拡大する可能性がある。また企業規模が拡大することによって「規模の経済」が享受できコスト削減が可能になり，さまざまなリストラを実施することもある。これらが「シナジー効果」（融合効果）である。

　このようなＭ＆Ａ後の新しい事業計画によるシナジー効果（価値増加）への寄与をターゲット企業の評価に反映する方法は，いわゆる「インカム・アプローチ」である。ただし，シナジー効果を実現するには，買収企業あるいは合併企業（の株主）が資本的に「会社支配権」（過半数の議決権）を所有する必要がある。統合後企業に対する会社支配権を得ることではじめて，株主総会で同社の事業に対し新しい事業計画を実行する決定を行うことができるからである。合併によって被合併企業の株主が得る価値は「コントロール・プレミアム」（control premium：支配プレミアム，あるいは買収プレミアム：acquisition premium）と称される。すなわち，

$$\begin{pmatrix}\text{コントロール・}\\ \text{プレミアム}\end{pmatrix} = \begin{pmatrix}\text{ターゲット企業を}\\ \text{Ｍ＆Ａで支配後の価値}\end{pmatrix} - \begin{pmatrix}\text{ターゲット企業の現経営者}\\ \text{の継続を前提とする価値}\end{pmatrix}$$

となる。

3・2　流動性ディスカウント

　未公開企業であるとか，株式に譲渡制限が付いていたり，市場で株式の流動性が低い（ターゲットに対する株式売買の出来高が少ない）場合には，同業の類似の公開企業よりも低く評価される。

このような株式の流動性不足に伴って価値を下方修正する部分は,「流動性ディスカウント」(lack of liquidity discount) と称し,類似の公開企業との比較で推定した評価額から控除する。

流動性ディスカウント＝公開に要する費用＋買収者を探すための追加費用

§4 買収価格によるシナジー効果の配分と買収プレミアム

コントロール・プレミアム（あるいは買収プレミアム）の本質は,前節で明らかにしたように,M＆Aによって達成されるシナジー効果をターゲット企業に配分したものである。それは,前節では

$$\text{コントロール・プレミアム} = \begin{pmatrix} \text{ターゲット企業を} \\ \text{M＆Aで支配後の価値} \end{pmatrix} - \begin{pmatrix} \text{ターゲット企業の現経営者} \\ \text{の継続を前提とする価値} \end{pmatrix} \cdots(1)$$

と表現した。ここで,右辺の第1項「ターゲット企業をM＆Aで支配した後の価値」というのは,「ターゲット企業の買収価値」であり,それは買収価格（対価）になりうるものである。右辺の第2項「ターゲット企業の現経営者の継続を前提とする価値」というのは,ターゲット企業を買収する前に,「ターゲットを独立企業としてスタンドアローンで個別評価した価値」である。「スタンドアローンで」とは,「単独企業として」という意味である。ここで,独立企業としての個別評価価値というのは,ターゲット企業の簿価による純資産価値ではなく,M＆Aを行う前にターゲットが独立企業として獲得可能な将来利益の現在価値合計を純資産簿価に加算したものである（インカムアプローチの「残余利益のDCF法」を適用）。したがって,

$$\text{コントロール・プレミアム} = \begin{pmatrix} \text{ターゲットの} \\ \text{買収価値} \end{pmatrix} - \begin{pmatrix} \text{ターゲットの} \\ \text{独立評価価値} \end{pmatrix} \cdots(2)$$

となる。

さらに,このようなコントロール・プレミアムをM＆A後に結合後企業が達成するであろうシナジー効果との関係で捉えると,次の図表3－2のように表すことができる。

第2編　企業間協力を誘導するインセンティブ価格の実践的役立ち

図表3－2　シナジー効果とコントロール・プレミアムの関係

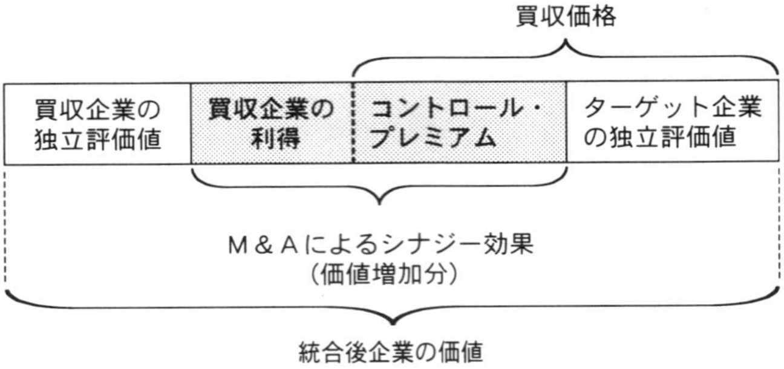

```
                              買収価格
                         ┌──────────┐
┌─────────┬────────┬────────┬─────────┐
│ 買収企業の │ 買収企業の│コントロール・│ターゲット企業│
│ 独立評価値 │  利得   │ プレミアム │ の独立評価値 │
└─────────┴────────┴────────┴─────────┘
            └─────────────────┘
              M＆Aによるシナジー効果
                 （価値増加分）
 └─────────────────────────────┘
            統合後企業の価値
```

　図表3－2において，シナジー効果は「買収企業の利得」と「ターゲット企業のコントロール・プレミアム」とに分割されているが，これはM＆Aによる予想シナジー効果を両企業に配分したものである。買収企業の利得は，直接的には買収企業の株主の予想利得であり，コントロール・プレミアムはターゲット企業の株主の実現利得になる（ただし，正確には，交付された買収企業株式を直ちに売却した場合にのみ実現する）。

　ここで，ターゲット企業の利得が合併時に提示される買収価格に含められるから実現値であるのに反し，買収企業の利得は予想値であるにすぎないことが問題である。この問題があるために，合併後にシナジー効果が思っていたように実現しなくて「過払い」のプレミアムであったことが反省せざるをえなくなったりすることが多い。

　私見によれば，図表3－2を見ると，M＆Aにおける予想利益配分の関係は，本書で展開する「サプライチェーンの部品価格による結合利益の配分」や，「多国籍企業の国際移転価格による結合利益配分」などと同様である。これらはすべて，協力ゲームの理論によって統一的に説明できることになる。また，買収価格は，被買収企業の株主に対し買収企業との企業結合，あるいは買収企業のネットワーク組織に参画することを誘導する価格であるから，これは筆者のいう「インセンティブ価格」（参加動機付けを与える価格）に他ならない。

§5　合併比率の算定方法

買収実行のプロセス

はじめに，次の図表3-3で「買収実行のプロセス」を時間軸の中で見ておこう。

買収実行のプロセスでは，買収者とターゲット企業とが①「基本合意」をし，買収調査を行って，②最終的な「合併比率」や最終的な「買収価格」を決定し，③事業の引渡し，「対価の支払い」をする。この間に数か月が経過する。

この図で，基本合意書の締結日には両社が合併の意図を公表（プレス・リリース）するので，この日から両社の株価は，通常，合併後企業のシナジー効果を読み込んで上昇傾向に向かう。合併契約書の締結日には，合併対価の支払方法や交付新株の株数などが公表される。市場では株式の供給増加が見込まれ，1株当たり配当額の減少見込みから株価が若干下落することも少なくない（希薄化）。最終的には，基本合意書の締結日の合併プレス・リリース（公表）日より以前の平均株価（点線）と，最後の株式交付日（合併日）の株価との差額が，**買収企業の株価に反映された総シナジー効果**になる。

図表3-3　買収実行のプロセスにおける株価の変化

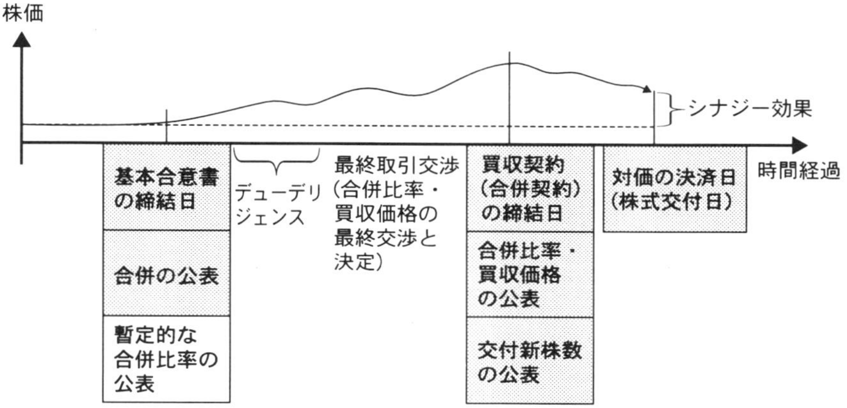

第2編　企業間協力を誘導するインセンティブ価格の実践的役立ち

合併比率の算定方法

　図表3－3に示すように，正確なことをいえば，最終的な合併比率の決定日は，実際の合併日の直前であり，したがって合併比率の決定日の株価と合併日（株式交付日あるいは最終的な合併契約日）の株価とは食い違いうるが，ここでは単純化してこれら両日を同一日とみなして「**合併日**」と呼ぶ。また，合併直後の株価も厳密にいえば合併日の株価と異なりうるが，以下では単純化して「合併直後」の株価も「合併日」の株価と呼ぶ。さらに，いずれの日の株価も，市場全体の相場（TOPICSなど）の変動の影響を除いたものであると仮定しておく。

　さて，合併における「**合併比率**」とは，被合併会社（消滅会社）の株主のもつ株式1株に対して，合併会社（存続会社）の株式の何株を被合併会社株主に交付すべきかを表す。これは「**株式の交換比率**」ともいう。

　たとえば，米国のシティグループによる日本の日興コーディアルグループ（株）の三角合併では，合併日（実際には合併の直前の日）の株価をもとに，

　　　合併比率＝（日興の株価）÷（シティの株価）
　　　　　　　＝1,700円÷（24ドル×110円/ドル）＝0.6

とした。つまり，日興株式の1株に対して，シティの株式0.6株が割り当てられることになった（ただし，日興株価＝1,700円は，合併公表前にシティが日興株式にTOBをかけた時のTOB価格に等しくしてある。これは「株主平等原則」による）。したがって，上記のシティと日興の合併比率0.6の事例では，日興株式を5,000株だけ保有している株主は，その保有株をシティ株式の3,000株（＝5,000株×合併比率0.6）と交換してもらえる。

　合併比率の算定には，消滅会社と存続会社のそれぞれの「**株主価値**」**を算定することが必要である**。その株主価値の算定は，いわゆる企業価値の評価方法によるが，

1）　インカムアプローチ（フリーキャッシュフローのDCF法，残余利益のDCF法など）
2）　マーケットアプローチ（市場価格法，類似公開会社法など）
3）　コストアプローチ（簿価純資産法，再調達時価純資産法など）

などの方法がある（詳しくは，門田（2008）第9章を参照）。

合併比率の算定方法は，次の公式による。

$$\text{合併比率} = \frac{\text{消滅会社の合併日の\textbf{株主価値}} \div \text{消滅会社の発行済株数}}{\text{合併会社の合併日の\textbf{株主価値}} \div \text{合併会社の発行済株数}} \cdots\cdots(3)$$

$$= \frac{\text{消滅会社の1株当たり株主価値}}{\text{合併会社の1株当たり株主価値}} \cdots\cdots\cdots(4)$$

この合併比率を使って，合併会社の**交付株式数**の算定方法は次のようになる。

$$\text{交付株式数} = \text{消滅会社の発行済株数} \times \textbf{合併比率} \cdots\cdots\cdots\cdots(5)$$

§6　合併比率の算定における株価の役割

合併比率の算定には，上にのべたように両企業それぞれの株主価値にもとづくが，株主価値はマーケットアプローチの「市場価格法」で算定することもある。すなわち，もし**株式市場が効率的である**と仮定すると，株価は企業の実際のファンダメンタルな収益力に影響するあらゆる要因をきちんと反映しているはずで，

$$1 \text{株当たり株主価値} = \text{当該会社の株式の時価} \cdots\cdots\cdots\cdots\cdots(6)$$

となっているはずである。したがって，このアプローチによれば，(4)式から

合併比率＝消滅会社の合併日の株価÷合併会社の合併日の株価………(7)

となる。

(7)式から，

消滅会社の合併日の株価＝合併比率×合併会社の合併日の株価………(8)

であるから，(5)式と(8)式から展開すると[3]，結局，

合併会社からの交付株式数について合併日の時価総額
　　＝合併日における消滅会社の時価総額………………………………(9)

となる。

したがって，**合併会社の交付株式数**によって，合併日における消滅会社の**時価総額が完全に補償される**ことになる。その時価総額には，消滅会社の株主が

受取るシナジー効果配分額も含められている。したがって、合併比率によってシナジー効果の配分までが行われている。このことについては次節で説明する。

しかしながら、現実の市場は短期的には必ずしも効率的ではないので、両社の株価の比のみによって合併比率を決めることには抵抗がある。そのため、合併比率は、実際には株主価値算定のための§2でのべた3つのアプローチを複数適用して総合的に分析して決められることが多い。にもかかわらず、合併比率は、現実には株価の影響を最も強く受けて決められる。

§7　シナジー効果の配分公式と買収価格の決定

合併当事企業両社が結合した企業が享受するであろうシナジー効果には、先に§2でのべたように、次のようなものがある。

1） 合併後の売上収益の増大化
2） 合併後の組織再編によるコスト削減

これら1）2）の方策は、合併会社が被合併会社を資本的に完全にコントロールできることから実現可能になる。また、これらは、将来の年度別の収益増・コスト減として項目別に測定し、たとえば、向こう3か年の年度別の増分利益として測定される。

これらのシナジー効果を両社の合併前のそれぞれの株主がどれだけ享受できるかは、合併日のそれぞれの株主が保有する株主価値に反映されるに違いない。

したがって、市場が効率的であれば、結論的には以下の関係が導かれる[4]（⑩式は図表3－2に対応している）。

合併日に統合後会社が有する時価総額
　＝｛（合併会社の従来株主の受取るシナジー分）
　　＋（合併会社の合併公表前のスタンドアローン時価総額）｝
　＋｛（消滅会社株主の受取るシナジー分）
　　＋（消滅会社の合併公表前のスタンドアローン時価総額）｝　…………⑩

ここで、両株主の受ける各年のシナジー効果の総額は、統合後会社が得るコ

スト削減増分や売上純収益増分を詳細に調べて積算し，将来の各年の営業利益増分として求めるものとする。つまり，

　シナジー効果としての統合後企業の各年の価値増分
　　＝各年売上純収益増分＋各年コスト削減増分
　　＝結合後企業が得る各年の営業利益増分……………………………………(11)

よって，

合併日に統合後会社が有する時価総額
　　＝統合後企業の各年**営業利益増分**の現在価値合計
　　　＋（存続会社の合併公表前のスタンドアローン時価総額）
　　　＋（消滅会社の合併公表前のスタンドアローン時価総額）……………(12)

である。(12)式は，企業価値評価におけるインカムアプローチの「**残余利益のＤＣＦ法**」[5]に等しいといえる[6]。

　シナジー効果，すなわち統合後企業の営業利益増分の現在価値総額を，合併会社の従来の株主と，被合併会社の株主とに配分する基準は，両社それぞれが統合後企業において<u>シナジー効果創出に寄与する程度</u>（つまり貢献度）によるべきである。

　私見によれば，その貢献度としては，両企業それぞれが保有する無形・有形の資産があって，それらが企業統合によって相乗効果を生み出すわけだから，**当該無形・有形の資産の形成に係る包括的な投資額**をシナジーの配賦基準とすべきである。合併前におけるそのような包括的投資額としては，**各企業の合併公表前のスタンドアローン時価総額**を当てることができる。なぜならば，それは合併前における**当該企業の現株主の投下資金の市場価値**だからである。

　しかしながら，合併前においては合併日の両社の株価はわからない。そのような時に合併比率はどのようにして決めるべきであろうか，またシナジーはどのようにして配分されるべきであろうか。

　私見によれば，上記のシナジー寄与度指標から，シナジーの配賦基準として「当該無形・有形の資産の形成に係る包括的な投資額」，つまり「**各企業の合併公表前のスタンドアローン時価総額**」を使うならば，合併日の株価がわからな

くても事前にシナジーを配分することができる。これによって合併発表日の暫定的な合併比率と買収価格を決めることができる。そこで，

　　消滅会社の現株主が受取る合併日の株主価値＝X
　　合併会社の現株主が受取る合併日の株主価値＝Y
　　消滅会社の合併公表前のスタンドアローン時価総額＝A
　　存続会社の合併公表前のスタンドアローン時価総額＝B
　　シナジー効果の現在価値＝C

と記号を定めておく[7]。

　すると，シナジー効果の配分公式は，次のようになる。

　　$X = \{A/(A+B)\}C + A$ ……………………………………(13)
　　　＝消滅会社株主へのシナジー配分額＋消滅会社の合併公表前の
　　　　　　　　　　　　　　　　　　　　スタンドアローン時価総額

　　$Y = \{B/(A+B)\}C + B$ ……………………………………(14)
　　　＝合併会社株主へのシナジー配分額＋合併会社の合併公表前の
　　　　　　　　　　　　　　　　　　　　スタンドアローン時価総額

(13)式と(14)式とを合計すると，

　　合併直後に統合後会社が有する
　　理論株主価値(理論時価総額)　＝ X＋Y ＝ C＋(A＋B)

かくして，(3)式から，

　　合併比率＝$\dfrac{\{X \div 消滅会社の発行済株数\}}{\{Y \div 合併会社の合併前の既発行株数\}}$

となる[8]。

§8　M＆Aにおける市場取引と組織内取引

8・1　市場取引としてのM＆A

　M＆Aのプロセスには，市場取引となるケースと組織内取引となるケースとがある。ただし，一般的には市場取引のM＆Aがはるかに多い。第2章の「中核企業の戦略的決定」の§4でのべたように，ネットワーク組織は外部環境に

対して「オープンな適応的組織」であるから，外界から新しいメンバー企業を取り込むケースがこれである。

「市場取引」の場合には，買収会社と被買収会社とが，通常は資本市場において事業そのものを商品として売り買いする（被買収会社が上場していない非公開会社の場合でも相対で売買交渉をする）。市場取引であるから，その商品（事業）には資産移転価格としての「買収価格」がつく。ただし，このような市場取引の場合にも，買収価格にはこれまでのべてきた「インセンティブ価格」の特徴は存在する。

買収希望者は多いが売手は1社である場合には，競り（bidding）にもかけられる。競りにかからないケースでも，買手と売手の間の交渉では買収価格の値上げや値下げの価格調整メカニズムが働いて，最終的に売買が成立する。このようなプロセスは市場取引そのものである。この場合，売手の会社あるいは売手の株主は，どの買手と一緒になった方が将来の利得がより大になるかを比較検討する。

逆に，売手が多くて買手が1社の場合には，いわゆる買手市場になる。

ある会社が特定事業を「切り売り」する事業分離の場合にも，その事業について事業譲渡の市場取引がある。

8・2　組織内取引としてのM＆A

これはネットワーク組織内におけるメンバー企業間の合併や買収である。たとえば，①ネットワーク内でこれまでお互いに業務提携にとどまっていた企業同士が資本提携に進む場合や，②これまで資本提携にとどまっていた企業同士が親子会社の関係や合併に進む場合である。

他方で，たとえば，パナソニック（旧松下電器産業（株））の連結企業グループにおいては，近年，次のようなグループ内組織再編が行われた。

1）　グループ内の子会社間や「子会社と親会社」間の合併
2）　株式交換によって子会社から完全子会社への転換
3）　ＴＯＢによって持分法適用会社から子会社への転換

4）「事業分離」による事業結合を，子会社相互間や「子会社と本社の社内分社との間」で行う「事業リシャフル」など。

これらの取引は，本質的に市場取引ではなく組織内取引である。このような連結企業グループ内の組織再編もネットワーク組織内の再編の一種であるといえる。

§9　協力ゲームの理論によるM＆Aの合意成立の条件

M＆Aの参加決定の原理を協力ゲームの理論に当てはめて，それを平易な数式で表現すれば，次のようになる。ただし，企業結合によって利益（便益）を得るのは，本来すべての利害関係者であるが，ここでは株主の受取る利益を中心に考えておく。

$$\text{M\&A後の統合後企業の統合利益} > \text{M\&A前の各当事企業の個別利益の合計} \quad \cdots\cdots(15)$$

この関係はM＆Aの当然の前提となり，さらに

$$\text{M\&A後の各企業}i\text{への配分利益} > \text{M\&A前の各当事企業}i\text{の個別利益} \quad \cdots\cdots(16)$$

がすべての参加企業に成立することが条件となる。(16)式は協力ゲームの理論で「**個人的合理性**」とか「**個別合理性**」（individual rationality）と呼ばれる。

その上，M＆Aに参加しうるのが2社を超える場合に，特定の企業間で「部分結託」（partial coalition）が起こりうるとすれば，

$$\text{その部分結託からの結合利益} < \text{当該部分結託に参加した各当事企業に対する（「全体結託」からの）配分利益の合計} \quad \cdots\cdots(17)$$

が成立する場合（ただし，ここで「全体結託」というのは，M＆Aに参加する全企業の合併），メンバーは部分結託への参加をやめて，全体結託の合併が成立する。(17)式は協力ゲームの理論で，「**結託合理性**」とか「**コア条件**」と呼ばれる。

上の(15)式で「左辺の値−右辺の値」は，M＆Aでよくいわれる「シナジー効果」（融合効果あるいは「オペレーショナル・シナジー」ともいう）であり，上記の「個別合理性」や「コア」の条件の源泉である。

したがって，少なくとも(15)式のシナジー効果が起きることは，M＆Aによる企業統合が決まる必要条件である（ただし，厳密には(16)(17)式の条件も成立しなければ，M＆A成立の必要十分条件が満たされたとはいえないので，配分は安定しない）。

さて，さらに深く考えると，連結企業グループ内の既存のメンバー企業は内外の会社と勝手に「部分結託」することは通常ありえない。親会社の資本的支配権が効いているからである。あるいは，メンバー企業が単なる持分法適用会社（出資比率20％～50％）であっても，出資会社からの役員派遣などで実質的な支配権が確保されている場合には，やはりメンバー企業が勝手に内外の会社と「部分結託」することは困難である。したがって，ある企業グループがM＆Aを行う場合には，時系列的に逐次的にターゲット１社ずつに対して行われるのが通常であるから，当該グループの参加企業間では上の(17)式の「結託合理性」は初めから成立していると考えることができる。したがって，連結企業グループがグループ内外の会社とM＆Aを実施する場合，常に(16)式の「個別合理性」だけを考慮していればよいことになる。そのこと((16)式) は，(13)式と(14)式によって満たされるのである[9]。

§10　小括：現実世界におけるその他の要因

本章で筆者は，M＆Aにおける買収価格の決定あるいはその中に含まれるコントロール・プレミアムの決定が，結合当事企業間の利益配分メカニズムに従うことを主張した。

これに対しM＆Aに従事する実務家たちは，買収価格の決定では次のようなさまざまな要因からも実際には影響を受ける可能性がある（奥村（2007））。

1) **M＆Aの交渉力**：買収交渉における売手の交渉力と買手の交渉力いかん。たとえば，救済案件の場合には売り手の交渉力は弱くなるだろうし，ターゲットの株式保有が特定の機関投資家やファンドに集中している場合には売り手の交渉力は強くなるであろう。さらには，単に「かけひき」の産物ではないかと疑われる価格設定も少なくない。一般に，売手の交渉力が強

くなって，買収後に得られるはずの付加価値の大半を売手企業の株主が得ていることも多くの実務家が指摘している。これを買収勝者の禍（winner's curse）ともいう。

2） **時間経過**：M＆A公表後に数ヶ月たってから最終的な合併比率の決定や合併後の事業計画の決定がなされ，最終的に買収価格が決まるまでに時間が長くかかると，その間に投機的な値動きが生じたりして，「過剰な価値移転」が企業間で行われてしまい，「過払い」現象が生じうる。

3） **経営者の個人的な満足**：経営者の報酬は企業規模が大きいほど高くなる傾向がある。M＆A案件が本当に価値の増殖を目的に行われたのではなく，実際には「経営者の思い上がり」といった明らかな心理的（行動ファイナンス的）要因が多くのM＆A案件を失敗に追い込んできた。それとも単に「帝国の建設」という個人的なインセンティブの産物である場合も少なくない。

4） **M＆Aの普及環境**：M＆Aが盛んになってきた近年の市場環境の影響で，市場におけるプレミアムの相場が上がってきているような場合（たとえば，ＴＯＢ価格が時価の30％増などといわれるケース），これが買収価格に影響を与える可能性がある。

5） **企業評価の能力不足**：シナジー効果なるものは合併後に現われるものだから，これを合併の前に予測することは「神のみぞ知る」ことのできるわざである。この予測を支援するインベストメント・バンカーにしても買収当事者にしても同様である。

確かに上のような要因によって買収価格やコントロール・プレミアムがある程度もしくは大きく影響される可能性はあろう。しかしながら，私見では，これらの要因は買収価格やM＆A合意の本質的な要因ではない。筆者は現実に潜むM＆A決定の本質は，企業結合の両当事企業がもたらすファンダメンタルなシナジー効果（価値増殖分）の配分額にあり，その配分額のインセンティブに対する相互満足が基本的な決定要因だという強い意見をもっている。その考えの上に立って，コントロール・プレミアムの決定メカニズムを§7で明らかにしたのである。

最後に，上記の第5点で筆者が「神のみぞ知る」と呼んだシナジー効果の値であるが，ターゲット企業が結合後企業においてもたらす毎年の利益増分はこれを正確に予測することはもちろん不可能である。しかし，私見では，会計学でいう「保守主義の原則」を適用すれば，今後数年間（2～3年間）に確実に生み出されるリストラ効果などを予測することは比較的容易であり，実務上それのみをシナジー効果として計上することはできる。

§11　リスクの下での合併比率の決定と利益配分
　　　－シティと日興の三角合併を事例として－

合併比率は，現実には株価の影響を最も強く受けて決められる。

およそ合併比率が公表されるのは，第1次的には「合併合意書」（あるいは「合併覚書」ともいう）が締結された時点で，その概要が公表される。この時点での合併比率は最終決定されたものではなく，一定の範囲をもった数字である。最終的な合併比率の決定は，「合併契約書」が締結される日の直前であり，その公表は合併契約書の締結時点である。その後に両社の株主総会で特別決議によって合併契約が株主から承認されなければならない。さらに，その後に合併会社株式の交付の日が来る。

したがって，合併比率の概要決定日から株式交付日に至るまでには，通常，数ヶ月を要するので，その間に両社それぞれの株価が変動する。このような株価変動のリスクの中にあって，合併比率はどのようなスキームで維持され，変更され，最終的な株式交換に至るのであろうか。筆者は，本稿で，そのような「**リスクの下での弾力的な合併比率の決定方法**」について究明したい。

これはまた，合併においてリスクのもとでのシナジー効果の配分，つまり合併による価値増殖分としての利益の配分を両社間でどのように行うべきか，という**利益配分の問題**でもある。

第2編　企業間協力を誘導するインセンティブ価格の実践的役立ち

§12　シティと日興との合併比率

シティグループは2007年10月2日に日興コーディアルグループとの三角合併を発表した。その時，日興株1株に対して，原則，1,700円相当のシティ株を割り当てることを公表した。

より詳細にいえば，ニューヨーク証券取引所で2008年1月15日から17日の3日間のシティ平均株価が37～58ドルの範囲ならば，1,700円相当のシティ株を受け取れるとした。

1,700円の数字は，2007年春にシティより日興に対してＴＯＢがなされ，そのＴＯＢ価格＝1,700円に等しくしたものである。これは「株主平等原則」によりＴＯＢに応じた株主と，合併に同意する株主との間で同等の利益を保証するものである。

この「ＴＯＢ価格1,700円＝合併直前日の日興の予想株価」とすれば，

$$合併比率 = \frac{合併直前日の日興の予想株価（=1,700円）}{合併直前日のシティの予想株価（=ドル建て株価 \times 予想為替レート）}$$

となる。

ただし，シティの平均株価が37ドルを下回ると，それよりいくら安くなっても，「平均株価は37ドルだった」とみなす規定を設けた。つまり，37ドルをいくら下回っても，割当株数は37ドルの場合と変わらない。

この場合，たとえば，1ドル＝110円のもとでシティの平均株価が30ドルであればどうなるか。原則的な合併比率が適用されると，

$$1,700円 \div (30ドル \times 110円) \fallingdotseq 0.51株$$

となり，日興1株あたりシティ株の0.51株と交換できるはずであった。

だが，30ドルになっても「平均株価は37ドルだった」とみなされると，日興の1株に1,700円相当のシティ株が与えられるから，

$$1,700円 \div (37ドル \times 110円為替レート) \fallingdotseq 0.41株$$

第3章　M&Aの買収価格

図表3－4　日興株1株で受取るシティ株数

交付株数＝1,700円÷（シティの平均株価）	
平　均　株　価	交付株数の算定基礎
58ドル超	58ドルとみなして算出
37～58ドル	平均株価をもとに算出
37ドル未満	37ドルとみなして算出
＊　平均株価は2008年1月15～17日のＮＹ市場の平均	
例えば，30ドルの時，日興株1株で受取るシティ株数は？ （1ドル＝110円とする）	
株価を37ドルとみなし為替換算， 1,700円÷(37ドル×110円)＝約0.41株	

（日経新聞：2007/11/15の図を修正）

となり，わずか約0.41株の割当てに留まってしまう。つまり，シティ株がいくら下がっても，シティからの割当株数は0.41の比率で変わらない。これでは日興株主は受取る株数の目減りという損失をこうむる（図表3－4参照）。

§13　株価変動のリスクの下での弾力的な合併比率の決定方法

しかるに，シティ株はその後，米国のサブプライムローン（信用力の低い個人向け住宅融資）に関連した損失が膨らみ，株価が大幅に下落した。これに対し，日興株もシティの下落を受けて多少は下落したが，それはシティ株ほどの急落ではない。

したがって，日興の株主は，上記のように「受取り株数」が目減りしてしまうので，彼らはこの合併に嫌気して，来たる株主総会において株式交換に代えて，「現金での買取」を事前に請求する可能性が高まった。これでは日興を完全子会社化して，シティが日本で個人金融を核とした事業を拡大するというシティの対日戦略に狂いが生じてくる。

シティはすでに2007年春に，日興株を1株1,700円でＴＯＢを実施し，事実上すでに日興株の3分の2超を買収した。したがって，シティはすでに日興を子会社化した。それ故，2007年12月19日に開催する日興の臨時株主総会では，その特別決議で本件の三角合併は，たとえシティ1人（日興の大株主）が賛成するだけでも承認されることは確実であった。しかし，少数株主が，
① 総会に先立って日興に反対の意思を伝える。
② 総会で反対票を投じる。
③ **株式交換の効力発生日**（2008年1月19日）の20日前から前日までに買取りを請求する，
の3つの手続きのいずれかを取る可能性が高まった。

これでは「株式交換が円滑に進まない」「株式交換によって日興の少数株主の利益が損なわれる」などの懸念がある。

他方で，シティ側の株主にとっては，日興株主に交付する株数が増えると，市場でのシティ株の供給量が増えて，**シティ株価の希薄化や1株当たり配当額の希薄化**をもたらす可能性が高くなる。このために，シティは37ドルの下限を合併比率に設けていた。このような希薄化のリスクとどう対応するかという課題がある。

そこで投資銀行家（財務アドバイザー）の助言も交え，株式交換の条件について両社で交渉した結果，シティ側が交換条件で譲歩することになった。

すなわち，**株価変動のリスクの中で，株主が合併に賛成して協力することを誘導するには，どのような交換条件であるべきか**，が検討された。その結果は，次のとおりである。

1） <u>シティの株価がどのような水準になっても，日興株1株に対し1,700円相当のシティ株を割り当てる。</u>
2） シティ株が26ドル未満になると，三角合併をキャンセル（破談）にする権利が日興側に発生する規定もあったが，この内容も次のように変更した。すなわち，「22ドル未満になれば，シティと日興が2008年1月21日までに**株式交換を実施するかどうかを改めて協議する。**」とした。

株価変動のリスクの中にあって，合併比率はどのようなスキームで維持され，変更され，最終的な株式交換に至るのであろうか。筆者は，上のシティ・日興の合併比率決定の事例に学びながら，本節で，そのような「リスクの下での弾力的な合併比率の決定方法」について究明したい。

図表3－5　リスクのもとでの弾力的な合併比率の決定方法

交付株数＝1,700円÷（シティの平均株価）	
平　均　株　価	交付株数の算定基礎
58ドル超	すべての平均株価で株数算定基礎はその平均株価を使う
37～58ドル	
37ドル未満	
＊　平均株価は2008年1月15～17日のＮＹ市場の平均	
例えば，30ドルの時，日興株1株で受取るシティ株数は？ （1ドル＝110円とする）	
株価を30ドルで為替換算， 1,700円÷（30ドル×110円）＝約0.515株	

本章§5の(4)式で明らかにしたように，

$$合併比率 = \frac{消滅会社の1株当たり株主価値}{} \div \frac{存続会社の1株当たり株主価値}{}$$

であるが，上の図表3－5のシティ・日興の合併比率決定方式であると，合併公表日（2007/10/3）から株式交換日（2008/1/19）までに存続会社の株価だけの変動が著しい場合，

$$合併比率 = \frac{消滅会社の1株当たり固定株価}{} \div \frac{存続会社の1株当たり株式時価}{} \cdots\cdots(1)$$

となる。

他方，合併公表日から株式交換日までに消滅会社の株価だけの変動が著しい場合，

$$合併比率 = \frac{消滅会社の1株当たり株式時価}{} \div \frac{存続会社の1株当たり固定価格}{} \cdots\cdots(2)$$

さらに，両社の株価の変動がともに著しい場合，

$$合併比率 = \frac{消滅会社の1株当たり}{株式時価} \div \frac{存続会社の1株当たり}{株式時価} \quad \cdots\cdots\cdots\cdots (3)$$

となろう。しかし，(3)式のケースは，そもそも初めから合併が成立しない可能性が高い。

(1)式のケースは，「日興1株へのシティの交付株数＝1,700円÷(シティの平均株価)」をグラフで描くと，図表3－6のようになるが，この図の曲線は「**合併比率の変動予算**」といってもよい。

次に(3)式のケースではどうなるか。この場合の合併比率の変動予算線は，図表3－7のようにさらに選択的なものになる。このように両社の株価が同時に大幅に変動(下落)するリスクのもとでは，合併の延期または合併の中断(破談)が生じる可能性が高いであろう。

さらに，前記の合併比率の算式から明らかなように，①合併会社(シティ)の株価と，②被合併会社(日興)の株価のほかに，③為替相場も変動するので，合併比率の変動予算線は，本質的には為替相場も含めた山の等高線のような，3次元の立体構造をもつことになる。

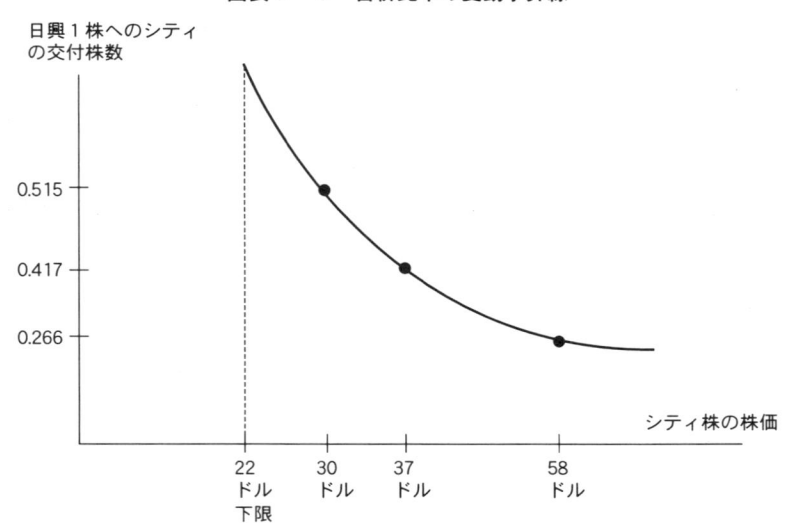

図表3－6　合併比率の変動予算線

縦軸：日興1株へのシティの交付株数
　0.515
　0.417
　0.266

横軸：シティ株の株価
　22ドル（下限）　30ドル　37ドル　58ドル

第3章 M&Aの買収価格

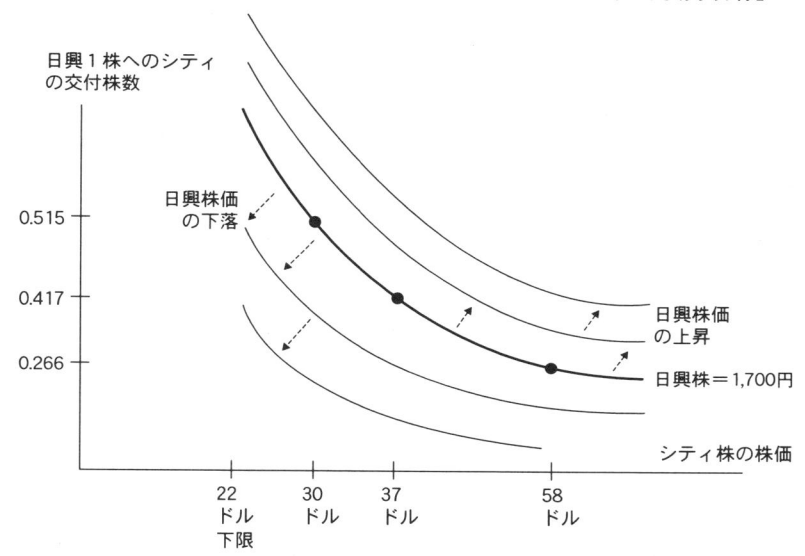

図表3-7 両社の株価が変動する場合における「合併比率の変動予算線」

日興1株へのシティの交付株数

- 0.515 — 日興株価の下落
- 0.417
- 0.266 — 日興株価の上昇／日興株＝1,700円

シティ株の株価

- 22ドル 下限
- 30ドル
- 37ドル
- 58ドル

§14 最終の合併比率

上記のように，ニューヨーク証券取引所で2008年1月15日から17日の3日間のシティ平均株価によって合併比率を決めることになっていた。

2007年10月に三角合併方式による日興の完全子会社化の計画（合意）が発表された当時は，シティの株価は47ドルであった（この時の株価では，合併比率は0.3であった）。しかし，シティのサブプライムローン関連の損失が当初見込みの最大110億ドルから230億ドルに拡大が発表され，2007年10月～12月四半期の決算は98億ドルの赤字となった。この発表を受け，シティの最終日の2008年1月17日の株価は24ドルにまで下落した。

その結果，1月18日の株式交換比率（合併比率）の発表では，日興株1株に対し，シティ株0.602株を割り当てることとなった。合併公表時の0.3から0.6へと倍増した（日経新聞2008/01/19参照）。

合併比率決定の翌日である1月18日には，シティ株はさらに前日比4％の下落をした。まさに合併再検討のボーダーライン22ドルにぎりぎり接近した瀬戸際の決断となった。

ともあれ，海外企業が自社株を利用して日本企業を買収した「三角合併」の第1号が成立することになり，この合併がわが国のM＆Aの歴史に名を残すことは疑いない（ただし，その後のシティの業績悪化で再び解体の道を進むことになったのは残念である）。

§15　結び：リスクのもとでの利益配分（シナジー配分）

シティと日興が合併した暁に，両社の結合企業が享受するであろうシナジー効果には，次のようなものが予想されていた（日経新聞2007/10/3記事）。
1） 合併による売上収益の増大化：
シティが日興の個人顧客向けに銀行，証券，カードが一体となった総合金融サービスを提供する。たとえば，日興がシティの代理店になることで，銀行で扱う預金商品やシティの開発した投資信託を日興の店舗でも顧客が選べるようにする。
2） 合併後の組織再編によるコスト削減：
持株会社の日興コーディアルグループ，その傘下の日興コーディアル証券，日興シティグループ証券などのさまざまな組織間で重複する間接部門をリストラすることによって，コストリダクションが達成できる。

これら1）2）の方策は，シティが日興を完全子会社化することによって資本的に日興の経営権を完全に掌握するからできることである。

これらの1）2）のシナジー効果について，合併前の両社それぞれの株主がこれらのシナジー効果をどれだけ享受できるかは，合併直後のそれぞれの株主が保有する株主価値に反映されるに違いない。

合併比率は，株価変動リスクのもとでのシナジー効果の配分を究極的に狙ったものである。つまりリスクのもとでの利益配分モデルでもある。

しかしながら，合併前，つまり合併公表時においては合併日の両社の株価はわからない。そのような時に合併比率はどのようにして決めるべきか，またシナジーはどのようにして配分されるべきであるか。この点については，本章の§7でのべたように，シナジーの配賦基準としてはシナジー寄与度指標から，「当該無形・有形の資産の形成に係る包括的な投資額」，つまり「各企業の合併公表前のスタンドアローン時価総額」を使うならば，合併日の株価がわからなくても事前にシナジーを配分することができる。

第4章

部品業者の協力を誘導する部品価格
－サプライチェーンのリスク分担・リスク分散と利益配分[1]－

§1 本章の目的

1・1 リスク分担，部品価格，固定費回収，利益配分

本章の目的は，日本における自動車産業の車両メーカーと部品メーカーとの提携関係に見られるリスク分担とリスク分散の行動を描き出すことにある。特に，自動車メーカーが，部品メーカーに対してニューモデルの乗用車に必要な部品の生産に設備投資（これはいわゆる「関係特殊的投資」）を誘導するために，両者の間で固定費回収のリスク分担を行う方法を究明する。

リスク・マネジメントのこのようなテーマを分析するにあたって，筆者は自動車メーカーと部品メーカーの間の伸縮的な部品価格の仕組みについて焦点を合わせている。サプライチェーンにおいて部品価格は部品メーカーの固定費回収手段でもあり，かつチェーン内の企業間の利益配分の手段でもある。本章では，そのような利益配分は部品価格の中にどのように組み入れられるかについても究明する。

1・2 損失発生のリスク回避志向を反映する心理的な苦痛感

部品メーカーの経営者が，自社に要求される総増分固定費の全部を回収でき

ず，損失が発生するかもしれないことに「強い心理的苦痛」(不効用) を感じるならば (このことを彼は「リスク回避的」であるという)，彼はこの部品の生産設備に対して十分な投資をしようと思わないかもしれない。そのような状況では，自動車メーカーが一定の額の補助金を与えるならば，それは部品メーカーのリスクを軽減し，当該ニューモデルの自動車生産が遂行できる可能性がより大となる。この場合には，ある程度のリスクがサプライヤー側から自動車メーカー側へとシフトされたわけである。しかしながら，サプライヤーはそのリスクを自分1人で負担する場合ほどには多くの利益を期待することはできなくなる。つまり，「ローリスク・ローリターン」の原理に従う。

他方で，部品メーカーがその総固定費を自分自身で回収できないかもしれないリスクにそれほど不効用を感じない場合には，自動車メーカーによる補助金の供与は必要でなくなる。そのような場合には，リスクは自動車メーカーにシフトされることはなく，部品メーカーの利益や満足感 (つまり期待効用) も比較的高くなるのである。

上記のどちらの場合であっても，自動車メーカーの目的は，部品メーカーがその部品生産に投資を行うように動機付けることにある。このようにしてニューモデルの自動車に必要な部品が確保できることになる。

日本の自動車産業では，そのようなリスク・マネジメントの統制システムは自動車部品に対する価格を利用する。本章では部品価格と補助金の一定のシステムが，自動車メーカーと部品メーカーの間のリスク分担をどのようにもたらすかということを描き出すものである。

1・3　フルコスト基準の部品価格

部品価格は「**全部原価プラス利益**」の方法にもとづくことが多い (これを「フルコスト＋マークアップ」の方法あるいは「フルコスト原則」ともいう)。このようなフルコスト原則にもとづく場合には，部品の**単位当たりの予定固定費**は総固定費を予定の販売数量で割って求められるから，実際の販売数量が予定の販売数量よりも小さい場合には一定の予定部品価格は総固定費を回収しえないことに

なる。したがって，フルコスト基準の部品価格のもとでは，固定費が回収されないかもしれないという継続的なリスクが存在することになる。

ここで，「総原価プラス利益」の部品価格における操業度差異（図表4－1参照）が発生する。

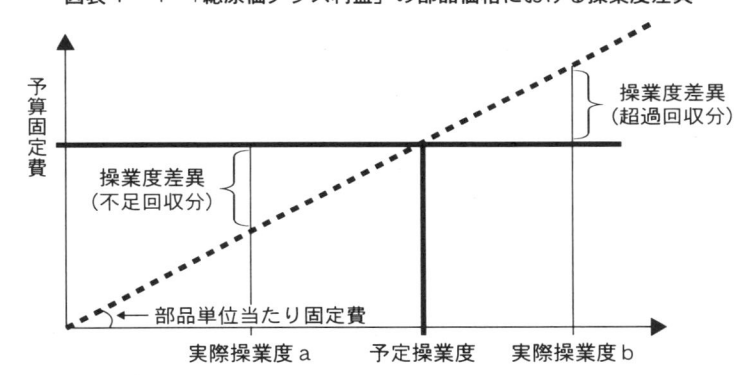

図表4－1　「総原価プラス利益」の部品価格における操業度差異

```
          予算固定費 ─────────────────
                    操業度差異            操業度差異
                    （不足回収分）        （超過回収分）

                    ← 部品単位当たり固定費
          実際操業度a    予定操業度    実際操業度b
```

1・4　既存研究

事業部制の企業のリスク分担の行動については，キャノーディア（Kanodia [1979]）によって初めて分析された。レーブとマーギャット（Loeb and Magat [1978]）およびハリス，クリーベルおよびラビブ（Harris, Kriebel and Raviv [1982]）もまた非対称情報の状況のもとで事業部と本部との間の振替価格や利益配分システムを特徴づける研究をした。本章は完全情報とか非対称情報のいずれの存在のもとにおいても，フルコスト基準の部品価格システムの最適性を検討するものではない。しかし，むしろそのようなシステムを直接的な**補助金によって補完する**ことでリスク分担がどのように生じうるかということを描き出すものである。

以下の諸節においては，われわれはまず日本における自動車部品に関する一般的な部品価格の実務について制度的な側面を考察し，ついで一組の仮説例で例証しながら，リスク分担のモデルと利益配分のモデルを説明する。制度的な

側面の記述は主に浅沼［1984 a，b］によっているが，部分的に門田（Monden [1983]，門田安弘・登能輝（1983））にも依拠している。特に§5の「インセンティブ価格としての部品価格」に対する利益配分方法については，筆者のオリジナルな仕事が含まれる。

§2　自動車産業における垂直的提携関係の特徴と市場的性格

2・1　価格調整

　新車とか完全に改良されたモデルに対する開発プログラムは，通常約20ヶ月を要する。この開発期間中に，部品の仕様と青写真（設計図），部品価格および内製部品や外注部品の目標原価が決定される。

　部品価格は通常，量産モデル試作品の生産開始の直前に決定され，一般の量産開始の6ヶ月前に始まる。そのような部品価格は，その部品の量産が継続する期間中ずっと基準価格として用い続けられるものである。しかしながら，その価格は環境状況の変化を考慮して，通常6ヶ月ごとに交渉を通じて調整されるのである。部品の通常の生産期間は，「フルモデルチェンジ」については4年間であり，「マイナーモデルチェンジ」については2年間である（しかしながらエンジンとトランスミッションについては，フルモデルチェンジの場合でさえも必ずしも変更されることはない）。

　ひとたびある部品の生産について特定のサプライヤーに注文が出されたならば，その部品メーカーは当該部品の継続期間について採用されることになる。つまり，フルモデルチェンジのサイクルの場合には4年間継続され，マイナーモデルチェンジのさいに新しく採用された部品については2年間採用され続ける（すなわち，マイナーモデルチェンジのサイクルの継続期間である）。

2・2　垂直的提携関係のもつ数量調整の機能：需給均衡化の機能

　上記の「価格調整」の頻度に比較して，「数量調整」の頻度はもっと高い。
　第1に最初の基準価格の決定については，部品の見積販売量は，

① そのモデルライフに関して計画されることになる。次いで
② 月次にはディーラーが予測した車両販売数量にもとづいて，自動車メーカーの作成する「基本生産計画」(Master Production Schedule) に対してMRPの手法（Material Requirement Planning）あるいはそれに類似した手法を適用することによって，必要な部品数量が計算され，部品メーカーに内示されることになる。さらに，
③ ディーラーからの旬オーダーでこれが修正され，
④ デイリー・オーダーにもとづいて，数量に関する日次の微調整が行われる。これは当該車両の生産が行われる4日ないし1週間前である。
⑤ このデイリーに微調整された車両生産数量に対応する部品数量をサプライヤーに伝達する手段には，有名な「かんばん」カードシステムを用いたり，各種部品の混合組立てラインに対する「順序計画表」を用いたりする。

以上の数量調整ステップを通じて，売れる種類の自動車を売れる数量だけ売れる時に供給するという「ジャストインタイム生産」が可能になる。これが垂直的提携関係のネットワーク組織のもつ需給均衡化の機能である。

2・3　競争的な市場的側面の特徴

自動車部品について全般的な顧客－売り手の関係は，一般に無限の期間続くと考えてよい。また，少なくとも当該自動車メーカーに対する特定の部品の売り手としてのその部品メーカーの地位は，当該部品のモデルライフの間は継続されることになる。しかしながら，その部品の価格は6ヶ月ごとに交渉を通じて調整されることがあり，**特定部品に関する全般的な契約期間は**（フルモデルチェンジの場合には）4年後には打ち切られることがあり，また（マイナーモデルチェンジの場合には）2年後には打ち切られることがある。この意味では，「市場」の概念が6ヶ月の区切りごとに見られ，また契約の消滅する時点ごとに見られることになる。

2・4 部品メーカーの改善と参加決定

さらに，部品メーカーの側でも「自律性」は次のような点に存在している。

(1) **改善活動と合理化投資**。改善は，（必要な工数を減少させるための）作業方法の改善や材料の消費の改善および機械改善において行われる。また，固定労務費を減少させるための設備投資も行われることがある。

(2) 「バリュー・エンジニアリング」（ＶＥ）および「バリューアナリシス」（ＶＡ）が設計の改善のために行われる。すなわち同一の機能水準や品質水準を維持しながら部品が変形されたり，材料が交換されたり，製造方法（技術）が変更されたりする。この結果，多数の工程や材料費が著しく減少しうるのである。ＶＥというのはそのモデルの量産開始前に行われ，ＶＡというのは量産開始後に行われるものと，用語の使い分けがなされることがある。

(3) **部品の共同開発**

(4) **ネットワーク組織への参加決定**。モデルライフの終了時点（契約満期）においては，部品メーカー自身がこれまでのサプライチェーンあるいは系列に参加を継続すべきか離脱すべきかの決定もありうる。このことは，後述の「承認図部品メーカー」の場合にありうる。

上で述べたように，部品価格に関する交渉は部品メーカーと自動車メーカーとの間で6ヶ月ごとに行われる。しかしながら，改善とか節約が行われた場合には，「フルコスト＋利益」法によって部品価格を決める場合でも，フルコストの額が改善で下がったといっても，そこで生み出された余剰を自動車メーカーだけが完全に吸いとることをしない。なぜならば，もしすべての余剰が吸いとられてしまうと，部品メーカーはいかなる**インセンティブ（報償）**も与えられないことになるからである。

上記のような諸改善によって生み出された余剰は，次の3つのうちのいずれかとなる。

(1) 部分的にその部品メーカーによって保持される。

(2) 6ヶ月あるいは1年の間その部品メーカーによって全額が保持される。

(3) 当分の間は自動車メーカーによってその全額が吸収されてしまうが，定期

的な価格の改定においてその余剰が査定されて，他の類似する競合部品メーカーの間で当該部品メーカーには高い順位が与えられるというメリットをもつ（これは，長期的にみたインセンティブ付与である）。

上のうち，(1)と(2)は，§4の図表4－2における「h＝改善提案報酬」となる。

§3　部品メーカーの2つのタイプ

3・1　貸与図メーカーと承認図メーカー

部品ベンダーから自動車メーカーに対して供給される部品の価格は，部品メーカーの異なるタイプに応じて，以下の2つの方法のうちいずれか1つによって決定され，また変更されるのである。

部品製造業者は2つの一般的なグループに分割することができる（浅沼 [1984]）。

第1のタイプはその設計には関与せずに，部品の加工と組立ての用役提供に責任を有するものである。日本ではこれは**「貸与図」メーカー**として知られている。この場合には自動車会社がその部品を設計し，その生産を部品メーカーに請け負わせることになる。

第2のタイプの部品メーカーはときとして部品を開発することがあり，その設計図を自動車業者に提出するのである。そのような設計が承認されたならば，当該部品メーカーは設計と製造の両サービスを提供することができることになる。このように設計と製造の両面に関与する部品メーカーは**「承認図」メーカー**と呼ばれる。

典型的な貸与図メーカーは，ボディーまわりの小さなプレス部品（サイドメンバーとか，メインボディーメンバーとか，フェンダーメンバーとかいわれる部品を含む）を作る業者である。また典型的な承認図メーカーとは，バッテリーとか，キャブレター（気化器），電子部品，ベアリング，タイヤ，ブレーキなどのような特殊部品を作るメーカーである。

しかしながら実務上は，これらの2つのタイプのベンダーの間で多くの部品

第2編　企業間協力を誘導するインセンティブ価格の実践的役立ち

図表4－2　機能部品・非機能部品と貸与図部品・承認図部品との関係

製品の付加価値にその
部品が占める位置

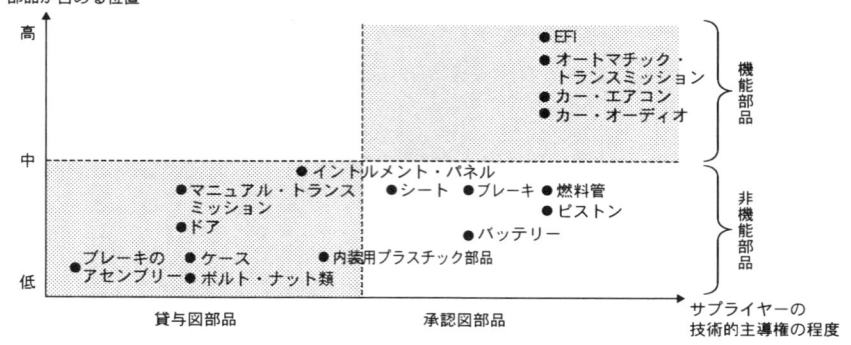

```
高 │                          ● EFI                    ┐
  │                          ● オートマチック・         │
  │                            トランスミッション       │ 機
  │                          ● カー・エアコン          │ 能
  │                          ● カー・オーディオ        │ 部
中 │                                                    │ 品
  │- - - - - - - - - - - -●-イントルメント・パネル - -┘
  │    ● マニュアル・トランス    ● シート  ● ブレーキ  ● 燃料管   ┐
  │      ミッション                                    ● ピストン │ 非
  │    ● ドア                                ● バッテリー         │ 機
  │                                                                │ 能
低 │ ● ブレーキの  ● ケース    ● 内装用プラスチック部品           │ 部
  │   アセンブリー ● ボルト・ナット類                              │ 品
  └────────────────────────────────────────────                    ┘
        貸与図部品              承認図部品
                                              サプライヤーの
                                              技術的主導権の程度
```

（浅沼・菊谷（1992）（藤本ほか（1997）に再録，図10－11，p.265）を修正[(2)]）

メーカーが存在する。そのようなケースとは，部品が自動車メーカーと部品メーカーで協同して開発され設計される場合である。ダッシュボードまわりのプラスチック部品は主に自動車メーカーの設計に従って生産されるが，シートは設計図の承認を通じて生産されることが多い。しかし両種類の部品とも，一般的なスタイルの承認の後，共同して開発されることもある。

3・2　情報の対称性と非対称性

　自動車メーカーと部品メーカーの間に情報のギャップはたしかに存在するが，このような非対称情報がリスク・シェアリングに対してもつ実際上の意味合いは，日本ではごく小さいものである。

　貸与図メーカーに関しては「情報の対称性」（symmetry of information）が存在し，自動車メーカーの購買部門はその部品メーカーの設備，生産能力，作業者数，原価および必要な工数などについてよく知っている。自動車メーカーは各部品メーカーの工場の負荷を完全に知ったうえで彼らに注文を配分することになる。そのような部品メーカーの内部情報はよく知られてしまっているので，彼らは自動車メーカーの傘のもとに入ることになる。

　他方で，「承認図」のサプライヤーと自動車メーカーの間には「情報の非対

称性」(asymmetry of information) が存在する。すなわち，そのサプライヤーは部品の開発者であるから，部品コストの詳細や細部データは自動車メーカーに完全には開示されないのである。

§4　自動車メーカーと部品メーカーとの間のリスク・マネジメントの類型

4・1　貸与図メーカーのリスク分担

ある特定の部品の価格は図表4－3の公式で計算される。この公式は本質的には，全部原価プラス・マークアップのアプローチにもとづいている。

図表4－3　プレス部品の部品価格

```
公式：部品価格＝(a＋b＋c＋d)＋e＋(f＋g＋h)
    a＝材料費
    b＝購入部品費
    c＝外注加工費
    d＝内製加工費（＝直接労務費＋製造間接費）
    e＝金型費（＝金型の減価償却費）
    f＝販売費・一般管理費
    g＝目標利益
    h＝改善提案報酬
```

（浅沼（1984a）p.42の表1を修正）

この部品価格の公式から，平均の金型費（「e」）がどのように計算されるかを明らかにしよう。日本においてプレスの金型の法定耐用年数（税務上の減価償却期間にもとづく）は2年間である。そこで部品1個当たりの金型費（e）を決めるためには，この2年間に関する見積生産量があらかじめ定められなければならない。そこで自動車製造業者は，部品業者に見積生産量を知らせなければならないが，それはたとえば「今後2年間について月当たり2万台」という形で伝達される。

そこで，ある部品の見積生産量は48万個（＝2万個×24ヶ月）であると仮定しよう。したがって，部品1個当たりの金型費（e）は次のようになる。

$$e = \frac{X}{480,000}$$

ただし，X＝購入した金型の総購入原価

部品の価格に占める金型費の部分は日本では興味ある費目である。金型費（e）がどのように取扱われるかは，その部品メーカーの機能に依存する。すなわち，そのサプライヤーが狭義の製造だけに責任があるか，あるいは設計と製造の両方に責任があるかどうかにかかっている。

そこで部品メーカーによって計算された「e」の額が車両メーカーによって受け入れられたと仮定しよう。そして2年後には当該部品の生産がモデルチェンジのために停止されたとしよう。この場合，「貸与図」メーカーは次の2つの状況のうちいずれか1つに直面することになろう。

(1) <u>もし自動車の実際の販売台数がその期待数量を下回った場合</u>には，2年後における部品の累積生産量もまた予定量より少ないものとなる。たとえば，38万個しか生産されないということも生じよう。ところが，「e」の値は，総金型費が部品48万個売れた場合に回収できるように設定されていたので，金型費の一部は回収されないことになる（この場合には20.8％すなわち10万個／48万個だけ未回収であり，図表4－1のマイナスの「操業度差異」となる）。

そのような状況では，自動車の生産者が部品の生産者をその**未回収の減価償却費**だけ補償するというのが慣行である。

このような配慮は，需要量の見通せない変動に対して，自動車メーカー（「プリンシパル」）が部品メーカー（「エージェント」）に対して完全な補償を与えるという契約を意味する。このような補償金は期末の段階における**事後的な部品価格の引上げによる利益再配分**と解釈することもできよう。

(2) <u>当該自動車メーカーの販売量が予想よりもずっとよくなった場合</u>，部品の累積生産量がわずか18ヶ月後に（すなわち予想よりも半年早く）48万台にまで達したと仮定しよう。

この状況では部品価格はこの時点で交渉することによって，単位当たり

の金型費（e）の額だけ今後は引き下げなければならないというルールがある。その結果，部品メーカーは一般的にいうと，予算を超えて部品を販売したとしても，生産費項目「e」からはいかなる超過利潤も得ることができないことになる。

上の(1)と(2)の2つの状況を同時に考慮すると，自動車メーカーは部品メーカーが部品価格の中に単位当たり金型費eを含めさせない代わりに，部品メーカーに対して金型費総額だけの「**一括補助金**」を与えることによって部品メーカーのリスクをカバーすることにしているのと同じ措置を取っていることを意味する。貸与図メーカーは，金型費の回収に関しては損失も発生しないし，超過利益も有しないのである。そのような損失をこうむったり，あるいは超過利益を享受したりするのは，ほかならぬ最終自動車メーカーである。なぜなら彼こそが金型費回収のリスクを全面的に負担するものだからである。

これと似た別の方式としては，自動車産業ではないが，プレス部品のメーカーは金型を購入してきて，それを最終製品メーカーに買ってもらい，同金型を「預かり金型」として部品メーカーが預かって管理するというケースすらある。

しかし，実際の部品価格の値から見ると，この部品価格は最終製品たる自動車の需要状況に応じて非常にフレキシブルに動かす仕組みになっているとも理解できる。なぜなら，上記の(1)の措置は部品価格を事後的に決定して引き上げることであるし，(2)の措置は部品価格を事後的に（車両のライフサイクルの途中時点で）引き下げることだからである。

ただし，部品メーカーも，（自動車メーカーの新車開発に伴う）**この金型以外の設備の投資コストは自ら完全に負担するので，新車生産に伴う新しい部品の生産に必要なさまざまな設備投資の回収リスクを自動車メーカーと分担している**ことにはなる。

上記のケースでは，当該部品は特定の自動車メーカーの特定の車両についてのみ使用されるものである，と仮定してきた。

同様のルールは，アルミニウムの型やモールド（プラスチックの成形型）にも

適用され,プレスのショット数を配賦基準にして単位当たり原価を算定する。また特別な専用機の場合もその法定償却期間4年間にわたる予想生産量を基準にして単位当たり原価を算定する。これらについても同様の補助金政策が採用されているのである。

4・2 承認図メーカーのリスク分散

次に「承認図」サプライヤーのケースでは,次のようなルールが存在する。

『部品のための金型に投資するリスクは部品メーカーが負担すべきである。したがって,部品価格は自動車メーカーの需要状況に応じて変更されることはない。』

このルールは,そのような部品は複数の自動車メーカーによって共通して使用されるものであって,そのため予測せざる需要変動によるリスクは多数の自動車メーカーの間に分散させることができるということを仮定している(これはリスク分散である)。

したがって,ある特定の部品が特定の自動車会社の専用の仕様による部分(専用サブ部品)と多くの自動車会社によって共通に用いられる部分(共用サブ部品)とから構成されている場合には,前者の部分のコストはその回収がある程度は部分的に保証されているが,後者の部分のコストについてはそのような保証はないのである。

しかしながら,承認図サプライヤーが自身でリスク分散する場合には,自動車メーカーは当該部品のコスト回収のリスクを負担しない。しかし,自動車メーカーは自身の工場内で自製する部品のコスト回収のリスクを負担するので,部品メーカーとの間にはなおも「リスク分担」が行われている。

§5 インセンティブ価格としての部品価格
－ネットワーク組織のシナジー効果への寄与度に応じた配分利益－

5・1 インセンティブ価格としての部品価格の算定法

サプライチェーンの結合効果（シナジー効果）の配分という観点から，部品価格を本書でいう「インセンティブ価格」とみなして，定式化すると次のようになる[3]。

部品価格＝部品単位当たり全部原価＋単位当たり配分利益．

単位当たり配分利益＝部品メーカーの利益総額÷予定販売量．

部品メーカーの利益総額
　＝当該部品メーカーの市場での単独行動利益
　　＋［製品メーカーと当該部品メーカーとのシナジー効果］
　　×［シナジー効果への当該部品メーカーの寄与度］．

［シナジー効果への当該部品メーカーの寄与度］

$$=\frac{当該部品メーカーの無形資産形成費用}{当該部品メーカーの無形資産形成費用＋製品メーカーの無形資産形成費用}.$$

ここで，右辺の［製品メーカーと当該部品メーカーとのシナジー効果］とは，ある特定部品メーカーがたとえばエンジンの噴射装置に関する技術を有していて，それが特定の車両メーカーの特定車種のエンジン開発にとって補完的効果をもつ場合に生ずるメリットである。

また，［シナジー効果への当該部品メーカーの寄与度］も，これは製品メーカーと当該部品メーカーとがそれぞれ有している無形資産の相対的価値によって測定する。相対的な価値は，相対的な重要度の順位を決めることになるが，たとえば開発ノウハウの方が製造ノウハウよりも寄与度が大きいことは明らかである。なぜならば，たとえばコスト低減への寄与度については，製品コストのほとんどが開発段階で決まってしまい，製造段階における改善や工場ＶＡで

はコスト低減の可能性が限られたものになるからである。

最後の式の右辺の分母にある［当該部品メーカーの**無形資産形成費用**］とは，たとえば，貸与図部品の場合，部品メーカーの生産管理や品質管理のノウハウに関する形成費用である。また，［**製品メーカーの無形資産形成費用**］とは，たとえば当該部品メーカーの部品開発技術に関するもので，具体的には当該部品に関する製品メーカーの研究開発費用で測定される。

なお，無形資産の価値の測定方法や，無形資産の形成費用の測定方法などについて，くわしくは本書の第5章を参照されたい。

5・2　貸与図メーカーへの配分利益とインセンティブの強さ

貸与図メーカーは当該部品を開発する力をもたないから，彼らの利益は比較的小さなものとなりがちである。つまり，典型的な貸与図メーカーは**製造する**だけで，**開発技術力**という**無形資産**をもたないので，チェーン全体の獲得しているシナジー効果に対する寄与度が小さく，彼らへの配分利益が小さくなる。しかし，貸与図メーカーといえども，「製造ノウハウ」という無形資産を有していることが通常である。たとえば，トヨタ生産方式（JITあるいはリーン生産方式）を使いこなして，製造上でコスト低減，品質向上，納期短縮（リードタイム短縮）を行いうる能力をもっている。

貸与図の部品というのは，自動車会社がその部品を設計し，その生産を部品メーカーに請け負わせたものであるから，当該部品メーカーの投資した資産は**関係特殊性**が高い。したがって，この部品メーカーは当該サプライチェーンの中でしか利益を得られず，同部品を外部市場に販売して利益を得ることは難しい。このような状況では，この部品メーカーに配分される利益は，同社が市場で単独行動する場合の利益よりも大きいが，チェーンの参加メンバーの平均的な利益率よりも低めの利益になる可能性がある（木村（1999）およびColbert and Apicer（1995））。このケースでは，5・1節の配分利益の公式右辺で，同部品メーカーの「市場での単独行動利益」そのものが小さいために，メンバーの平均利益率よりも低くなるのであろう。

この状況での「フルコスト＋利益」基準の部品価格は，Williamson (1985) によれば，コスト低減の努力など経営改善の努力や関係特殊的資産への投資にとって「弱いインセンティブ」(low-powered incentives) をもたらしてしまう恐れもあるとする。

　なぜ「全部原価プラス利益」法によれば，弱いインセンティブの部品価格になるかの理由は，改善の成果でフルコストが下がると，その分だけ部品価格も下がってしまうからであろう。

　しかし，本章の§2でのべたように，部品メーカーの改善成果は日本では必ずしも全面的に製品メーカーが吸収してしまうわけではないので，この会計手法が改善を阻害することにはならない。

　従来の中小企業は，下請け・孫請けという言葉にあるように，タテの系列関係の中で中核企業に唯々諾々と依存してきた時代もあった。しかし，ベンチャー企業のように，小さくてもその企業の個有の技術（知的資産）を活用し，コスト低減能力や品質能力によって中核企業あるいは大企業の協力者として寄与して生きていくならば，企業間関係の中にいても高いインセンティブを付与されることになる。筆者は（貸与図メーカーに甘んじることなく）そのような前向きの方向を新しい企業間関係に見出したいのである。

5・3　承認図メーカーへの配分利益とインセンティブの強さ

　承認図メーカーは，開発技術力という無形資産をもつために，チェーンのシナジー効果の配分が大になる。したがって，この部品メーカーは価格を交渉することの結果，より高い利益を享受することができる。そのような部品メーカーによって提案される部品価格の高さは，部品メーカーの開発技術力，生産能力や操業度に関する真の状態を暗黙に開示するデータとみなされるかもしれない (Harris, Kriebel and Raviv [1982] 参照)。

　部品メーカーの投資した資産がサプライチェーンの中である程度，関係特殊的であっても，その部品を市場で取引ができないほどには特殊性が高くない場合には，その部品メーカーは部品をサプライチェーンの中だけでなく市販する

ことからも利益を得られる。このような部品メーカーをチェーンに繋ぎ止めておくためには，市場での単独行動から得られる利益よりも高い利益が得られるように部品価格を高く設定しておかなければならない（木村(1999)およびColbert and Apicer (1995)）。これは，5・1節における公式の右辺で，［結合効果への寄与度］が大きいので実現される。

このケースでは，本章の議論に見るように，最終製品に需要変動がある場合には，彼は外販のフリーハンドをもつのでリスク分散が可能になり，ハイリスク・ハイリターンを求めることも可能である。

この状況では，自己の努力のリターンの大部分を受け取ることができるので，改善や投資にとって（Williamson (1985)のいう）「強いインセンティブ」(high-powered incentives)が市場から部品メーカーに与えられるであろうが，これは本源的には彼の技術力の優越性（競争力）から来る自立性によるものである。

§6 結　び －要　約－

われわれは本章において，日本の自動車産業における自動車メーカーと部品メーカーとの間の垂直的提携関係の特徴と市場的性格についてまず明らかにした。ついで2つの異なるタイプの部品メーカーを説明し，自動車メーカーと部品メーカーとの間の全般的なリスク・マネジメントの行動について解説した。

「貸与図」メーカーと「承認図」メーカーとに対する完成車メーカーの関係が際立って相違しているということや，ここで述べたリスク分担の慣習（たとえば，固定費の回収可能性に関するリスクの取り扱いなど）は，他の国におけるよりも日本においてこそより一般的な事情であろう。

またわれわれは，フルコスト原則にもとづく部品価格（あるいは企業間取引価格）の設定に特に注意を払い，自動車メーカーが部品メーカーの設備投資を動機づける目的で採用する部品価格のフレキシビリティに特に考察の矛先を向けた。

なお，ここで自動車メーカーの部品価格を使ったリスク分担とリスク分散の

数理分析（Monden and Nagao（1987/88）および門田（1991））を要約しておこう。「貸与図」メーカーのリスクは自動車製造業者が行う「リスク分担」によって減少され，その結果，部品メーカーは契約を受入れるように動機づけられることになる。この場合，市場環境の不確実性に関するリスクを部品メーカー経営者の意思決定において考慮するために，彼のリスクに対する態度を効用関数によって分析した。

　他方で，「承認図」メーカーは複数の自動車メーカーから複数の契約を同時にとることができるので，どのような追加的な契約が有するリスクに対しても，彼の態度は「リスク分散」によってリスクが減少することによって説明される。したがって，彼のリスクは完成車メーカーによって共有される必要はないのである。さらに，彼の行動は，リスクに対する態度がそれほど危険回避的なものでなくなっているようにも見えることからも説明できる。

　最後に，部品価格に占める「配分利益」の相対的な大きさが貸与図メーカーと承認図メーカーとで異なってくる理由を検討した。それは，それぞれの部品メーカーのもつ無形資産の価値の違いによるものであることを明らかにした。このような部品価格に占める「配分利益」の大きさが，部品メーカーの改善努力に対するインセンティブに影響を与えることも明らかにした。

第5章

グローバル連結企業の企業間利益配分における無形資産の役割

§1 本章の目的と概要

本章は,グローバルな連結企業集団における企業間で共同して稼ぎだした「結合利益」を企業間に配分するさいに,その配分基準として企業の無形資産の大きさを用いる方法を明らかにする。つまり,各企業の利益貢献度の大きさをその無形資産の額で測る。

この無形資産の測定方法とともに,それらを配賦基準とした利益配分の方法を協力ゲーム理論の利得配分法からみて解釈することに筆者の狙いがある。

この方法は,もともと国際間のモノの移転に伴う「移転価格」に対する税制で,「残余利益分割法」と呼ばれる方法であるが,その手法は,グローバルな連結企業グループに属する会社間で公平な利益配分を行う方法としても用いることができる。つまり,管理会計の手法にもなる。

以下では,まず§2～4で,移転価格税制の「残余利益分割法」の手順を次の4つのステップに分けて説明する。これらの手順を初めに概観しておくと,次のようになる。

　ステップ1:「分割対象利益」の計算
　ステップ2:「基本的利益」の計算

ステップ3:「残余利益」の分割
ステップ4:「配分後利益」の計算

そこで,初めに図表5-1に従って,上記の「残余利益分割法」の概要を説明しておこう。

図表5-1 残余利益分割法による利益配分の要約図

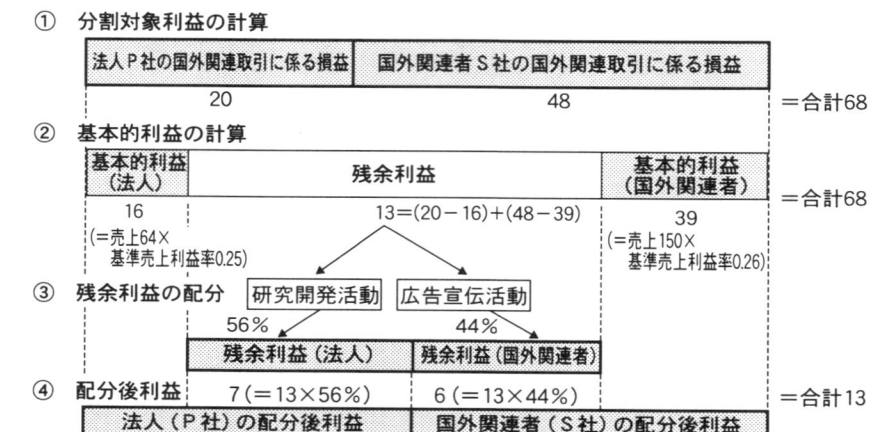

① 分割対象利益の計算

法人P社の国外関連取引に係る損益	国外関連者S社の国外関連取引に係る損益	
20	48	=合計68

② 基本的利益の計算

基本的利益(法人)	残余利益	基本的利益(国外関連者)	
16 (=売上64× 基準売上利益率0.25)	13=(20-16)+(48-39)	39 (=売上150× 基準売上利益率0.26)	=合計68

③ 残余利益の配分

	研究開発活動	広告宣伝活動	
	56%	44%	
	残余利益(法人)	残余利益(国外関連者)	

④ 配分後利益

	7(=13×56%)	6(=13×44%)	=合計13
	法人(P社)の配分後利益	国外関連者(S社)の配分後利益	
	23(=16+7)	45(=39+6)	=合計68

(国税庁(2007)p.69の図を改定:数値例は門田作成)

図表5-1で,①「**分割対象利益の計算**」というのは,日本の親会社P社が海外に商品(生産財)を販売して得た営業利益を計算することであり,仮設例では20円(単位は億円)という数字が算出されている。同時に海外の子会社S社は日本の本社から移転された当該生産財を加工・販売して得られる営業利益を計算する必要があり,それが48円(単位は億円)になる。

次に,②「**基本的利益の計算**」というのは,日本のP社および海外のS社が親子会社関係で共同して営業利益を稼ぐのではなく,それぞれの会社が独立企業として第三者の企業と市場取引したならば稼ぎ出せる営業利益を求めることである。つまり,P社とS社が共同しないで個々別々に単独行動を取った時の営業利益を推定する。このためには,取引相手の第三者の企業としては,何ら重要なノウハウ(無形の資産)をもたないで売上営業利益率が業界で最低水準に

近い企業を選定する。そのような企業をP社もS社もそれぞれ選び出し、そこと取引したと仮定すると、P社の単独行動利益は16円となり、S社の単独行動利益は39円となった。これらの単独行動利益と、ステップ①で求めた各社が共同行動を取ったときに営業利益20円と48円との差は、(20−16)+(48−39)=13円となっている。この残余利益合計13円は、P社とS社が親子会社関係を利用して共同活動することにより得られる「シナジー効果」(相乗効果)である。

続く、③「残余利益の配分」というのは、この13円の「シナジー効果」(つまり、残余利益合計)をP社とS社とに配分することである。その配分基準としてはP社とS社それぞれがシナジー効果13円の創出に対して寄与した程度(貢献度)を用いるが、その貢献度は各社の無形資産(ノウハウ)の大きさによるものとする。親会社P社の無形資産としては、S社に移転する商品の開発技術や製造技術(これらを「研究開発ノウハウ」と呼ぶ)を認識する。子会社S社の保有する無形資産としては、海外での「販売ノウハウ」(たとえば、広告宣伝技術とか販売店網)を想定する。そして、「研究開発ノウハウ」の測定尺度としてP社の研究開発費支出額19円を使用し、「販売活動ノウハウ」の測定尺度としてはS社の販売費支出額15円を用いる。「19円：15円＝56％：44％」であるから、この比率でシナジー効果13円を両社に配分すると、P社には7円を、S社には6円を配分することになる。

最後に、④「**配分後利益の計算**」として、各社の「基本的利益」と「残余利益配分額」を合計すると、P社とS社それぞれの最終的な配分後利益は23円(＝16＋7)および45円(＝39＋6)となる。

§2 ステップ1：「分割対象利益」の算出

ここに「分割対象利益」とは、日本国内の法人P社がその海外関連取引から獲得した利益と、その日本国内法人P社の海外子会社S社との関連取引で獲得した利益とを意味する(図表5−2参照)。したがって、移転価格税制の適用される対象は、**連結企業グループ内で2国間にまたがる親会社と子会社の間で行**

われる取引に限定される。本節では、この両方の利益の適切な算出方法を明らかにする。

2・1　前提条件

まず初めに、どのような企業が日本国内と海外とにおいてどのようなグローバル活動を展開し、双方の活動の結合としてどのような効果が生じているかを例示によって見ておこう。

日本法人と国外関連者の事業概要：

図表5－2に示すように、日本法人P社は、製品Aの製造販売会社であり、日本国内で製品Aを販売している。この会社は、10年前にX国の同業者C社を株式買収することによって、製品Aの製造販売子会社S社をX国で設立した。これは100％子会社である。

S社は、製品Aの製造販売のほかに、P社グループに属さない第三者のD社から製品Bを仕入れてX国国内の第三者顧客に販売している。

P社の内部組織は、部品aや製品Aを製造する製造部門（工場）と、それらの設計開発や製造の技術の開発を担当する研究開発部門、さらに製品Aの国内販売部門と一般管理部門とから成る。

国内法人P社の国外関連取引と職能および無形資産：

P社は、S社に対して製品A用の部品a（P社の独自技術が入っている主要部品）を供給するとともに、製品Aの製造に関する**特許権と製造ノウハウ**（いずれもP社の**研究開発活動**による独自技術）の使用許諾を行っている。この使用許諾の対価はロイヤルティである。

国外関連者S社の職能と無形資産：

S社は、製品Aについて**独自の広告宣伝活動**によりX国で高い製品認知度を獲得し、かつ広範で充実した**小売店舗網**により、同国で一定のマーケットシェ

第5章　グローバル連結企業の企業間利益配分における無形資産の役割

アを確保し，安定した価格で販売している。これらの小売店販売網は，S社の前身であるX国のC社が以前からもっていたものである。

図表5-2　日本法人と国外関連者の取引関係

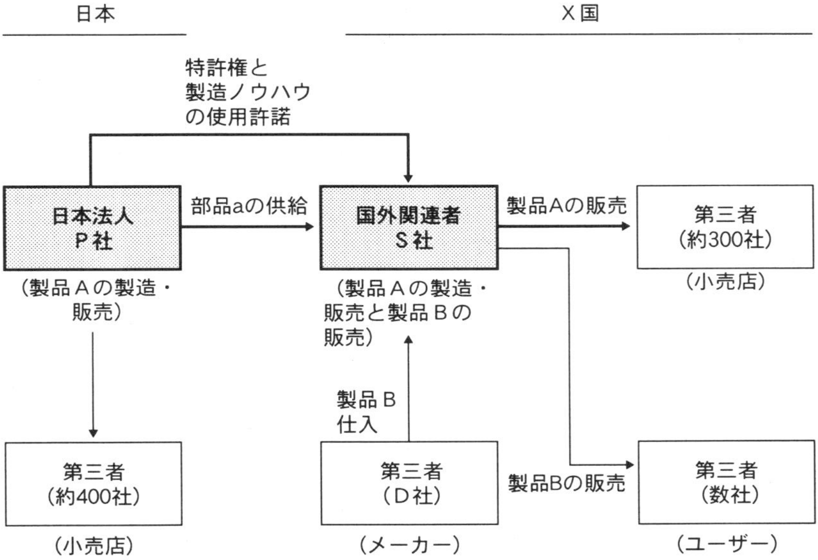

```
日本                              |  X国

         特許権と
         製造ノウハウ
         の使用許諾
    ┌──────────────────┐
    ↓                  ↓
┌────────┐ 部品aの供給 ┌────────┐ 製品Aの販売 ┌────────┐
│日本法人 │──────────→│国外関連者│──────────→│ 第三者  │
│ P社    │            │  S社   │            │(約300社)│
└────────┘            └────────┘            └────────┘
(製品Aの製造・       (製品Aの製造・          (小売店)
 販売)                販売と製品Bの
    │                 販売)
    │                    ↑ 製品B
    │                    │ 仕入
    ↓                 ┌────────┐ 製品Bの販売 ┌────────┐
┌────────┐           │ 第三者  │──────────→│ 第三者  │
│ 第三者  │           │ (D社)  │            │ (数社)  │
│(約400社)│           └────────┘            └────────┘
└────────┘           (メーカー)              (ユーザー)
 (小売店)
```

(国税庁（2007）（参考事例集）p.55参照）

両社の無形資産によるシナジー効果：

　製品Aの高いブランド力や認知度は，P社の技術による独自の**技術性能**（P社の無形資産）とS社の**販売力**（S社の無形資産）によるもので，その売上や利益は両社のそれぞれの無形資産の**融合効果**（相乗効果，シナジー効果）によるものであるといえる。

2・2　P社とS社の個別損益計算書から「分割対象利益」の算出

　そこで，以下ではまず，P社とS社それぞれの個別損益計算書に示された各社の全体利益から，国外関連取引に係わる利益だけを抽出して，それを「**残余利益分割法**」を適用する対象となる利益，つまり「分割対象利益」とすること

第2編　企業間協力を誘導するインセンティブ価格の実践的役立ち

が必要である。

その計算手順の結果，P社とS社それぞれの国外関連取引に係わる利益だけを抽出した損益計算書は，図表5－3のようになった。

図表5－3　P社とS社の国外関連取引に係る損益

P社の部品a事業の損益計算書

部品 a 売 上 高	64
受取ロイヤルティ	5
売 上 収 益 合 計	69
部品 a 売 上 原 価	－25
売 上 原 価	－25
売 上 総 利 益	44
部品 a 販 売 費	－2
研究開発費配賦額	－19
一般管理費配賦額	－3
販売費管理費合計	24
営 業 利 益	20

S社の製品A事業の損益計算書

製品 A 売 上 高	150
売 上 高	150
部品 a 仕 入 高	－64
支払ロイヤルティ	－5
製品Aその他原価	－10
売 上 原 価 合 計	－79
売 上 総 利 益	71
製品 A 販 売 費	－15
一般管理費配賦額	－8
販売費管理費合計	－23
営 業 利 益	48

かくして，P社の部品a事業に係る営業利益は，20円（単位は億円）と算定された。またS社の製品A事業に係る営業利益は，48円（単位は億円）と算定された。

§3　ステップ2：「基本的利益」の計算

3・1　重要な無形資産を有しない「比較対象法人」の選定

P社とS社はともに，国外関連取引から所得を得るにあたって重要な**無形資産**を利用しており，その連結企業グループの無形資産が彼らの所得の源泉になっている。そこで，P社とS社の国外関連取引から両社が共同して得た「超過利益」を正当に把握するためには，まずそのような重要な無形資産を利用しないで通常の「基本的活動」によって得られる利益を「基本的利益」として計算しなければならない。

そのためには，いわゆる「独立企業間価格」を想定する必要がある。ここに

独立企業間価格（arm's length price）とは，グローバル連結企業集団の内部における取引ではなく，独立企業間であれば成立するような価格をいう。これを用いることが移転価格税制の原則である。

この独立企業間価格を適用して算定される特定企業の利益は，協力ゲームの理論における「他社との結託（coalition）を組まないで，独立企業としてならば得られるであろう利益」であり，当該企業が連結企業グループに参加して活動することにともなう，いわば「機会コスト」としての利益である。

そのためには，P社やS社が保有し利用したような**無形資産を有さずに「基本的活動のみを行う法人」**を探し出して，そのような法人を「**比較対象法人**」とみなして独立企業間価格を算定するわけである。

その「比較対象法人」の選び方は，業種コード，取扱製品，取引段階（小売か卸売か等），海外売上比率，売上規模，設備（有形固定資産）規模，従業員数などで類似している企業を選ばなければならない。P社の国外関連取引の比較対象法人としては，P社の部品a製造販売事業と同種であり，市場，事業規模等が類似する法人を選び出す。また，S社の製品A製造販売事業と同種であり，市場，事業規模等が類似する法人を選び出す。

さらに，その中から重要な**無形資産を保有している企業を除外する**。重要な**無形資産の有無は，研究開発費や広告宣伝費の水準等**を考慮する。

私見では，ほとんどの企業（基本的活動のみを行う法人を含む）が，何らかの形である程度の無形資産を有する。しかし，単に販売網を有しているとか通常の広告宣伝活動を行っているだけでは，「重要な無形資産」を有しているとはいえない。その判断の基準は，**当該法人または国外関連者の「使用資本営業利益率」や「売上営業利益率」**が同業者と比べてよりかなり低いかどうかであろう。

3・2　基本的利益の計算に必要な利益指標

ここでの「比較対象法人」は，その「使用資本営業利益率」や「売上高営業利益率」などの数字も業界の最低水準にあるものでなければならない。これを**業界の基準利益率**（Basic profit rate）と呼ぼう。

P社とS社の国外関連取引に係る「基本的利益」の計算：

図表5－3の数値例に戻って，「比較対象法人」の基準売上営業利益率を見出そう。

まず，図表5－3によると，

　　P社の国外関連取引の売上営業利益率＝営業利益20÷売上高64＝0.31

　　S社の国外関連取引の売上営業利益率＝営業利益48÷売上高150＝0.32

同業の類似企業の中にP社とS社の比較対象法人を探すと，次のようであったとしよう。

　　P社の国外関連取引の**比較対象法人に係る基準売上営業利益率**＝25％

　　S社の国外関連取引の**比較対象法人に係る基準売上営業利益率**＝26％

よって，

　　P社の「基本的利益」＝P社の国外関連取引の売上高64

　　　　　　　　　　　×基準売上営業利益率25％＝16

　　S社の「基本的利益」＝S社の国外関連取引の売上高150

　　　　　　　　　　　×基準売上営業利益率26％＝39

3・3　P社とS社の国外関連取引に係る「残余利益」の計算

　　P社の国外関連取引に係る「残余利益」＝P社の分割対象利益20

　　　　　　　　　　　　　　　　　　　－基本的利益16＝4

　　S社の国外関連取引に係る「残余利益」＝P社の分割対象利益48

　　　　　　　　　　　　　　　　　　　－基本的利益39＝9

よって，両社の残余利益合計＝4＋9＝13

§4　ステップ3：残余利益の分割要因による利益分割

残余利益を法人（P社）と国外関連者（S社）に配分する基準は，**残余利益の発生に対する重要な無形資産の寄与の程度**であるから，**残余利益の分割要因（配分基準）は「無形資産の価値」によるべきである**。本節では，無形資産の価

値の測定法を考察する。

4・1 無形資産の価値の測定方法

　無形資産が所得の創出に対して果たした寄与の程度を測定するためには，「無形資産の価値の・絶・対・額」を求めなくても，法人と国外関連者それぞれが有する「無形資産の・相・対・的・な・価・値」の割合で足りる[1]。したがって，「**当該重要な無形資産の取得原価あるいは，その開発のために支出した費用等の額**」を配分基準とすることも認められている（措置法通達66の4(4)-5（注））。この点について若干詳しく解説しよう。

4・1・1 無形資産の絶対的価値の測定方法

　無形資産の絶対的価値の測定法としては，いわゆる企業価値の評価方法でも用いられるインカムアプローチなどが適用可能である。インカムアプローチのＤＣＦ法では，当該特許などの無形資産がもたらす予想キャッシュフローの流列の現在価値合計を使う。

4・1・2 無形資産の相対的価値の測定方法

　この方法としては，①無形資産の取得原価（すなわち投資額簿価）によるか，②無形資産形成のための各期の支出費用の額によることが，認められている。

① 無形資産の取得原価

　無形資産の取得原価とは，**無形資産への投資額**であり，これを**資産化**（**繰延資産化**）して，その価値の低減に応じて**償却した帳簿残高**である。このような処理は，財務会計上で研究開発費等が資産として計上されていないで支出期に一括費用化されていても，それには関係なく残余利益分割法のために資産化すればよい。

　無形資産の資産化のためには，研究開発活動による特許権や製造ノウハウ等の形成・維持・発展に係る支出額を・個・々・の・研・究・プ・ロ・ジ・ェ・ク・ト・ご・と・に個別に特定することが必要である。

さらに，無形資産の形成のためには，通常，長期にわたる投資が必要で，その効果も長期に及ぶ。そのような長期的な効果を評価するためには，支出を資産化することが適切である。そのためには個々の研究プロジェクトごとの長期のデータが得られなければならない。

支出を資産化する場合，当該無形資産の耐用年数を見積もって償却することが必要になる。そのためには，当期の支出が次期以降の年度にどのようなパターンで効果を持続させるのか（これをラグ・パターンという）について予測する必要がある。無形資産の価値は時の経過とともに増加し，かつ減少する。**試験研究費**のラグ・パターンは，支出から開発終了までの期間（懐妊期間）は効果が逓増し，その後は効果が逓減していくベル型をなす。しかし，**広告宣伝費**は，支出後すぐに効果が出るが，効果はすぐにまた急減する。したがって，**試験研究のプロジェクト期間や効果のライフタイムに関する当該企業の過去の経験に基づき，繰延資産化した無形資産の耐用年数を推定する**（徳永(2007) p.118参照）。

② 無形資産の形成・維持・発展の活動を反映する**各期の支出費用等の額**

研究開発活動による特許権や製造ノウハウ等の形成・維持・発展に係る費用を，個々の特許権やノウハウ別に帰属させることが困難な場合もある。このような場合には，各期の支出費用の額によって無形資産の相対的価値とすることが認められている。その測定には，次のような方法がある。

②－1：無形資産の形成等の活動を反映する**各期の費用の発生状況が比較的安定している状況**では，各期の費用の額を配分基準として用いるのが合理的である。

②－2：無形資産の形成等の活動を反映する**各期の費用の発生状況が大きく変動する状況**では，次のような方法も可能である。

　a）　**合理的な期間の支出費用等の金額の平均値を用いる方法**

　b）　**合理的な期間の支出額を集計し一定の効果年数で配分する方法**

②－3：残余利益の金額に比して，分割要因（配賦基準の無形資産）の金額が相対的に小額であったとしても，残余利益分割法の適用は適当である。

結局，実務的には，残余利益の分割要因（配分基準）として，重要な無形資産

の形成のために支出した費用等の額を使う場合,次のような費用を特定するのがよい。

1) 特許権,製造ノウハウ等,製造活動に寄与する無形資産:
    → 研究開発部門や製造部門の関係費用等。
2) ブランド,商標,販売網,顧客リスト等,マーケティング活動に用いられる無形資産:
    → 広告宣伝部門,販売促進部門,マーケティング部門の関係費用等。
3) 事業判断,リスク管理,資金調達,営業に関するノウハウ等,上記の1)や2)以外の事業活動に寄与する無形資産:
    → 企画部門,業務部門,財務部門,営業部門等,その活動の主体となっている部門の関係費用等。

本節では,残余利益の分割要因(配分基準)として,重要な無形資産の形成のために支出した費用等の額を使うことをのべた。しかし,無形資産はどの企業にもある。本節で上に1)2)3)で挙げた研究開発部門,販売部門,管理部門のそれぞれの費用は,各社とも大なり小なり発生させている。しかし,グローバルな企業グループのネットワークに属する各社は,ネットワーク内で自己の最強の職能を担当するのである。その強い職能を支えている重要な無形資産の形成費用を結合利益の配賦基準にすることは理にかなっている。

4・2 数字例への適用

最後に,残余利益分割法の計算手順の3つのステップを全体的に図示すると,§1の図表5-1のようになる。また,図表5-3の数字例によると,「分割要因」とその数値は次のとおりである。

P社の国外関連取引における研究開発費=19

(この数値はP社全体のものでなく,P社が国外関連取引の部品a事業に関して支払ったとみなされる研究開発費である)

S社の国外関連取引における販売費=15

(この数値はS社全体のものでなく,S社が国外関連取引の製品A事業に関して

支払ったとみなされる販売費である）

したがって，両者の無形資産の形成費用の比＝19：15＝56％：44％

この比で，前節末に算出した残余利益総額13をP社とS社に配分する手続きは，すでに図表5－1の③「残余利益の配分」の説明でのべたとおりである。

§5　残余利益分割法のゲーム理論的スキーム

最後に，まとめとして残余利益分割法による利益配分を定式化すると，次にようになる。

いま，本章の事例に登場した企業名を使うと，

シナジー効果＝残余利益合計
＝（P社の基本的利益に対する超過利益）
　＋（S社の基本的利益に対する超過利益）．

P社への配分利益

$$= (シナジー効果) \times \frac{P社の無形資産の価値}{P社の無形資産の価値＋S社の無形資産の価値}$$

＋（P社の基本的利益）．

S社への配分利益

$$= (シナジー効果) \times \frac{S社の無形資産の価値}{P社の無形資産の価値＋S社の無形資産の価値}$$

＋（S社の基本的利益）．

ただし，「無形資産の価値」は，その絶対的価値を測定するには，企業価値評価の手法を使う。その相対的価値の大きさを測定するには，当該無形資産の形成費用の額を使う。

この式は，本書の第3章の§9でのべた，**協力ゲームの「個別合理性」の条件**を満たす。すでに連結グループに入っている企業間では，複数企業間の間でも**「部分結託」は起こり得ない**ので，個別合理性の条件を満たすだけでゲームの配分は安定し，参加企業はグループに参加することに満足する[2]。

さらに，グローバルな多国籍企業の場合，利益配分の問題は組織の管理階層に従って階層構造をなしている。つまり，まず各国における地域別（国別）セグメントの内部の企業間で利益配分が行われる。次いで，日本の本社と各国のセグメント本社（地域別本社）との間で利益配分が行われる。このようなプロセスは，筆者の開発した「累積的機会原価法」（本書の付録参照）のアプローチにも従うものである。

　最後に，移転価格税制の目的からは外れるが，多国籍企業の連結企業グループに関係する個々の企業の経営者の観点からは，自分が担当する企業の稼いだ利益を正当に測定してもらって，自身が正当に業績評価してもらいたいという気持ちをもっているに違いない（特に報酬が自分の担当企業の利益額に比例する場合）。このような観点から多国籍企業の企業間の利益配分を正当に行うことは，各参加企業の経営者の努力を誘導するインセンティブになる。残余利益分割法による利益配分は，上の式が協力ゲームの個別合理性の条件を満たすので，この目的にも資することがわかる。

第3編

「インセンティブ価格」として
利益配分価格の理論

第6章

インセンティブ価格の特徴と決まり方
―需給均衡価格と比較して―

§1 本章の目的

　従来の経済学では価格システムの機能としては，市場における需要と供給を均衡させる機能だけが考えられてきた。その価格は「需給均衡価格」として社会的な資源の最適配分を目的とするものだから，「全体最適価格」(global optimal price)といってもよい。

　これに対し，筆者は「インセンティブ価格」(incentive price)という新しい価格概念を提唱する。これは財貨・用役の移転に伴い，その提供者（売手）と受領者（買手）との間で利益の配分を目的とする価格である。

　インセンティブ価格は，この利益配分によって資源の売手ないし買手がネットワーク組織内に組織メンバーとして参加することを自ら決定することを誘導する目的をもつ。ここで「参加」とは，独立企業が当ネットワーク組織のメンバー企業として参入することや，現在すでに参加しているメンバー企業が当ネットワーク内で自助努力を高めることを意味する。

　したがって，インセンティブ価格は，「需給均衡価格」と違って，当該資源の移転数量の決定，あるいは供給量ないし需要量の決定とか，全体最適な資源配分の数量決定の目的はもたない。

第3編 「インセンティブ価格」として利益配分価格の理論

さらに、「需給均衡価格」と「インセンティブ価格」との間では、金額的な一致は保証されない。むしろ両者は異なる高さをもつのが普通である。

本章では、両価格の相違を明らかにし、新しい概念であるインセンティブ価格の存在理由を主張することを目的とする。このため平易な数値例で両者の違いを明らかにする。

§2　需給均衡価格とインセンティブ価格の比較：数値例

2・1　状況設定

ある連結企業グループでは、亜鉛を亜鉛採掘業者から購入する部門と、その亜鉛を加工して亜鉛容器を製造し販売する部門があるとしよう。このグループの本社はこれらの2つの部門をそれぞれ子会社として独立させているが、亜鉛の購入会社と亜鉛容器の製造販売会社に分けている。以下ではこの2社をそれぞれ「部門」と呼んでいる。

この製造販売部門では3種の亜鉛容器を製造しているが、亜鉛購入部門が購入できる亜鉛の数量には限界があり、それが隘路(ボトルネック)となっているので、亜鉛1kg当たりの貢献利益の大きさを基準にして製品組合わせを決定する(このケースは、もともとドイツの有名な経営学者シュマーレンバッハ(Schmalenbach (1947) SS.66〜)の示した数字例を筆者が作成しなおしたものである)。

生産される製品（亜鉛容器）Ａ，Ｂ，Ｃの単位当たり貢献利益（＝販売価格－支出変動費）（ただし、ここでの支出変動費は製品単位当たりの亜鉛購入原価）、およびその他の情報は、図表6－1に示されている（この例では亜鉛の市場も、亜鉛容器の市場もともに不完全競争市場であり、亜鉛の調達可能量や各製品の販売可能量に制約がある）。

第6章　インセンティブ価格の特徴と決まり方

図表6−1　プロダクト・ミックス決定のためのデータ

品　　種	(1) 製品単位当たり貢献利益	(2) 製品単位当たり亜鉛所要量	(3)=(1)/(2) 亜鉛1kg当たり貢献利益	(4) 亜鉛1kg当たり購入原価（MC）	(5)=(3)+(4) 亜鉛1kg当たり純限界収益(NMR)	(6) 最大可能販売量
A品（全亜鉛容器）	400円	2.0kg	200円	200円	400円	1,000個
B品（加熱錫メッキ容器）	300円	0.4kg	750円	200円	950円	2,500個
C品（電気亜鉛容器）	200円	0.2kg	1,000円	200円	1,200円	10,000個

　図表6−1の(1)欄からみれば,「製品単位当たり貢献利益」の大きさはA→B→Cの順位になっているが,いま亜鉛の調達可能量,すなわち**内部的供給可能量が2,800kgに限定**されているので,「亜鉛1kg当たりの品種別貢献利益」を算定すると,(3)欄のように,C→B→Aの順に有利であることがわかる。そこで,C→B→Aの順に亜鉛を配分すればよいが,それはいくらずつにすべきか。この問題は(6)欄の販売可能量が決め手になる。

　そこで,次の図表6−2を参照されたい。

　亜鉛の配分順位がC→B→Aであるので,図表6−2の(7)欄にある品種Cの所要量2,000kgは真っ先に全部充足され,残りの800kgが第2順位のB品種に配分される。Bは200kgだけ不足する。Aはまったく資源配分を受けられないことになる。このとき,Cの生産量は10,000個となり,Bは2,000個となり,Cは0個となる。

図表6−2　資源制約と販売制約のもとでの最適資源配分量

品種の選択順位	(6)′ 最大可能販売量	(2)′ 製品単位当たり亜鉛所要量	(7)=(6)′×(2)′ 亜　鉛 最大需要量	(8) 亜鉛の最適配分量
C（第1位）	10,000個	0.2kg	2,000kg	2,000kg
B（第2位）	2,500個	0.4kg	1,000kg	800kg（累積量2,800kg）
A（第3位）	1,000個	2kg	2,000kg	0kg

第3編 「インセンティブ価格」として利益配分価格の理論

2・2　資源需要量が資源供給量を超える場合の「需給均衡価格」

以下の図表6－3で横軸は，数量を示し，供給部門の供給量（生産量）と需要部門（最終製品の販売部門）の需要量（販売量）を表す。この例では前者は亜鉛の供給量で後者は亜鉛使用の容器の販売量であるが，この両者の単位が異なるので，最終製品の販売量は亜鉛の含有量（つまりkgの重量）で測定している[(1)]。

図表6－3　資源需要量が資源供給量を超える場合

亜鉛1kgの純限界収益（NMR）
亜鉛1kgの購入原価（MC）

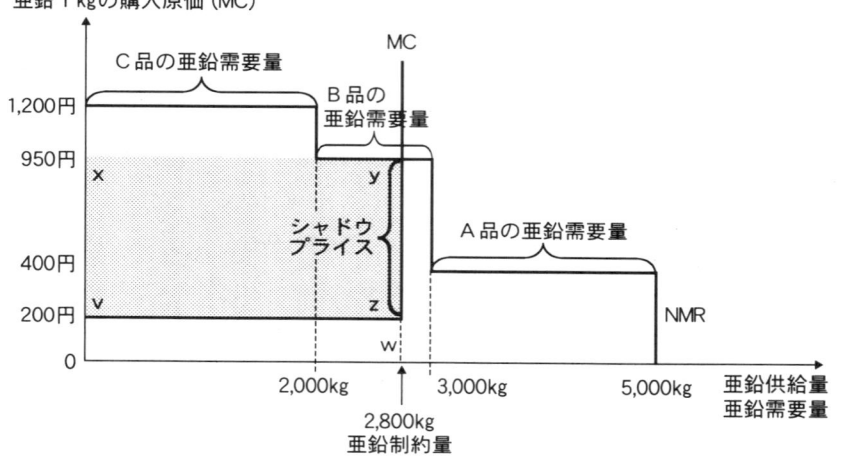

（図：縦軸に価格、横軸に亜鉛供給量／亜鉛需要量。C品の亜鉛需要量1,200円、B品の亜鉛需要量950円、A品の亜鉛需要量400円、MC=200円。シャドウプライス領域 x, y, z, v, w。亜鉛制約量2,800kg、2,000kg、3,000kg、5,000kg）

この図表6－3でMCとNMRをそれぞれ次のように定義する。

　MC＝限界費用

　　　＝亜鉛1kg当たりの購入原価200円

　　　＝200円の支出変動費

　NMR＝純限界収益

　　　＝（製品単位当たり貢献利益÷製品単位当たり亜鉛所要量）

　　　　＋亜鉛1kgの購入原価

　　　＝C品では（200円÷0.2kg）＋200円／1kg

　　　＝1,000円／1kg＋200円／1kg＝1,200円／1kg

図表6－3において限界費用と純限界収益が等しくなる点は，限界費用の曲

線と純限界収益の曲線が交わる数量のところで，それは亜鉛の制約量2,800kgの点である。

この数量の点では，亜鉛の振替価格は図表6－3の線分ywであり，950円となる[2]。この振替価格の構成は，

　　振替価格＝亜鉛1kg当たり支出変動費200円＋亜鉛1kg当たり貢献利益750円

となっている。すなわち，亜鉛の振替価格は，1kg当たりの支出変動費（つまり購入単価）を超えて，750円のプレミアムが付いてしまった。これは亜鉛が希少資源となって需要量が供給量2,800kgを超えてしまっていることによる。これは当企業グループ内で3つの品種別セグメントが亜鉛の利用に関してグループ内価格を媒介にオークションでグループ内購入を競争した場合に付くプレミアムである。

このように950円の振替価格によって，プレミアム分750円が亜鉛供給部門に帰属されることになり，製品（亜鉛容器）部門ではその分だけ利益が少なくなってしまう。このことは，次に示す亜鉛供給部門と亜鉛容器部門との損益計算書の利益によって明らかになる。

図表6－4　需給均衡価格による亜鉛部門と製品部門との損益計算書

亜鉛供給部門の損益計算書

費　　用	560,000円	売　上　高	2,660,000円
（＝亜鉛支出変動費×亜鉛供給量　＝200円×2,800kg）		（＝振替価格×亜鉛供給量　＝950円×2,800kg）	
利　　益	2,100,000円		
	2,660,000円		2,660,000円

亜鉛容器販売部門の損益計算書

費　　用	2,660,000円	純売上高	3,160,000円
（＝振替価格×亜鉛供給量　＝950円×2,800kg）		（＝Σ（亜鉛単位当たり限界収益　　×亜鉛使用量　＝1,200円×2,000kg　　＋950円×(2,800－2,000kg)）	
利　　益	500,000円		
	3,160,000円		3,160,000円

2・3 資源需要量が資源供給量を超える場合の「インセンティブ価格」

さて，需給均衡価格としての振替価格によると，供給部門の利益は2,100,000円にもなった（図表6－3の四角形xyzvの網掛け面積に相当）が，製品部門の利益はわずか500,000円しか配分されていない。これでは製品部門の管理者が承服するであろうか。否！

確かに図表6－3の需給関係では，ボトルネックは亜鉛供給部門にあるので，この部門の能力を拡張できれば，両社の結合利益は増大する。だから，亜鉛供給部門の能力拡張を誘導（動機付け）するためには，この部門に利益を帰属させるという考えも一理ある。

しかし，これでは図表6－3の網掛け部分のすべての利益が供給部門のみに帰属し，同じく結合利益2,600,000円（＝2,100,000＋500,000）の実現に貢献した製品部門の努力は無視されてしまっている（この結合利益は図表6－3の網掛け部分の他に，図表6－3のC品種の白地部分の面積も含まれている）。亜鉛容器製品部門といえども，この部門に投下された資本を有効利用してできるだけ利益を獲得するために，従来から有利な品種を開発したり，かつ市場の販売制約のもとで販売網を拡張して販売可能性を増大させてきたに違いない。つまり製品開発技術や販売網といった無形資産を生成させてきた。そのような**販売部門の貢献に対して報いる必要がある**。そのような論功行賞がなければ，販売部門の管理者はやる気を失い，今後の自助努力に悪影響が及ぶであろう。

ここに「インセンティブ価格」の登場する理由がある。**インセンティブ価格とは，各部門の利益貢献度に応じた適切な利益配分を各部門に行い，すべての部門の管理者の参加意欲と自助努力意欲を促すことを目的にした，財の移転価格である。**

そこで，亜鉛部門に帰属された利益を製品販売部門にも配分する必要がある。

亜鉛部門に帰属された利益
 ＝（亜鉛振替価格－亜鉛1kg当たり支出変動費）×亜鉛供給総量
 ＝（950円－200円）×2,800kg＝2,100,000円

いま,「結合利益の実現への寄与度(貢献度)」を,それぞれの会社への投下資本額で測定するものとしよう。この測定に投下資本の簿価を用いる場合は,各社の企業価値の評価にいわゆる「コスト・アプローチ」を適用するケースである。あるいは,市場における各企業の単独の企業価値(=投下資本簿価+予想価値創造分;すなわち,「有形資産と識別可能無形資産の時価」+のれん)によってもよい。これは,企業評価の「マーケット・アプローチ」の適用である。

　　亜鉛供給部門への投下資本=1,080,000円
　　亜鉛容器製造販売部門への投下資本=1,620,000円
とすると,

亜鉛供給部門への配分利益[3]

$$=結合利益\times\frac{亜鉛部門への投下資本}{亜鉛部門への投下資本+製品部門への投下資本}$$

　　+亜鉛部門の単独利益
　　= {2,600,000円×[1,080,000円/(1,080,000円+1,620,000円)]} + 0 円
　　= 1,040,000円

ゆえに,**亜鉛1kg当たりの振替価格**

　　=(亜鉛供給部門への配分利益÷亜鉛の総供給量)
　　+亜鉛1kg当たり購入原価
　　=1,040,000円÷2,800kg+200円≒372+200=572円

図表6-5　インセンティブ価格による亜鉛部門と製品部門との損益計算書

亜鉛供給部門の損益計算書

費　用	560,000円	売 上 高	1,601,600円
（＝亜鉛支出変動費×亜鉛供給量 ＝200円×2,800kg）		（＝振替価格×亜鉛供給量 ＝572円×2,800kg）	
利　益	1,041,600円		
	1,601,600円		1,601,600円

亜鉛容器販売部門の損益計算書

費　用	1,601,600円	純売上高	3,160,000円
（＝振替価格×亜鉛供給量 ＝572円×2,800kg）		（＝Σ（亜鉛単位当たり限界収益 ×亜鉛使用量 ＝1,200円×2,000kg ＋950円×(2,800－2,000kg)）	
利　益	1,558,400円		
	3,160,000円		3,160,000円

　よって，部門別利益は，需給均衡価格の場合に210万円対50万円であったものが，インセンティブ価格では104万円対156万円に変化した。振替価格そのものの数値も**需給均衡価格は950円**であったが，**インセンティブ価格では572円**になっていて，両者は異なっている。

2・4　資源供給量が資源需要量を超える場合の「需給均衡価格」

資源供給量が資源需要量を超える場合の「需給均衡価格」については，Schmalenbach（1947）も，亜鉛資源の問題でこちらのケースについては論じていないし，数値例も作っていない。

しかし，この場合に亜鉛の需給均衡を達成する振替価格は，企業グループ内で亜鉛に関するオークションで亜鉛供給量が余るのであるから，亜鉛にはもはやプレミアムは付かない（図表6－6を参照）。したがって，振替価格の構成は，

　　振替価格＝亜鉛1kg当たり支出変動費200円

となっている。すなわち，亜鉛の振替価格は，1kg当たりの支出変動費（つまり購入単価）だけとなり，図表6－3の需要超過の場合のような750円のプレミアムは付かなくなった。

図表6－6　資源供給量が資源需要量を超える場合

亜鉛1kgの純限界収益（NMR）
亜鉛1kgの購入原価（MC）

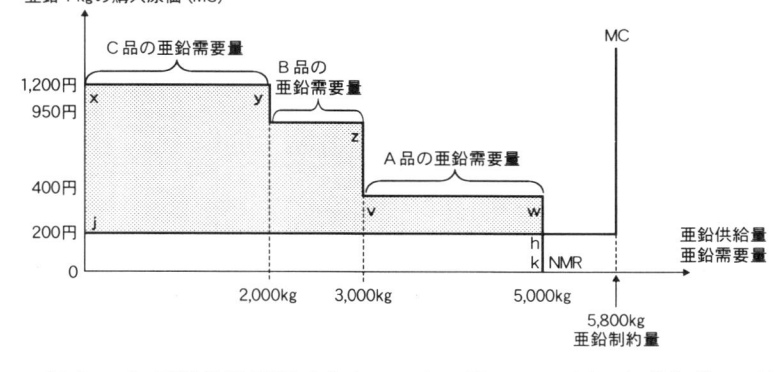

（図中ラベル：C品の亜鉛需要量　1,200円　x　y　B品の亜鉛需要量　950円　z　A品の亜鉛需要量　400円　v　w　200円　j　h　k　NMR　MC　2,000kg　3,000kg　5,000kg　5,800kg　亜鉛制約量　亜鉛供給量　亜鉛需要量）

この場合には，亜鉛供給部門は仕入コストに等しい200円の振替価格で亜鉛を提供しなければならないので，同部門には利益は一切帰属されず，すべての利益は亜鉛容器の生産販売部門に配分されてしまう。

2・5　資源供給量が資源需要量を超える場合の「インセンティブ価格」

さて，需給均衡価格としての振替価格によると，亜鉛供給部門の利益はゼロ

であり，製品部門だけが当企業グループの総利益2,950,000円をすべて獲得してしまった。

これでは亜鉛供給部門の管理者が承服するであろうか。否！

たとえば，前期には亜鉛の調達可能限度が図表6－3のように2,800kgに過ぎなかったので，それを今期に同部門の購買努力によって5,800kgにまで拡大したとすれば，努力したことによって配分利益が逆に減じられたことになる。しかし，そのような亜鉛調達部門の貢献に対しては報いる必要がある。ここに「インセンティブ価格」の登場する理由がある。

そこで，製品販売部門に帰属された利益を亜鉛部門にも配分する必要がある。

ここでも前節と同様に，「結合利益の実現への寄与度（貢献度）」を，それぞれの会社への投下資本額で測定するものとしよう。

§3 需給均衡価格の問題点：回りくどい二重計算の分権的決定

3・1 制約資源の機会原価と振替価格

この亜鉛の例において，2・2節での2,800kgという亜鉛制約量の最後の1kgが稼得する貢献利益750円（これはB品種のもの）は，**機会原価としての意味をもつ**。その理由は次のとおりである。

この亜鉛容器製造会社を1つの企業として全体的にみるとき，もし最後の亜鉛1単位が失われたり，無駄に使われたり，あるいは使わずに留保しておいたりしたならば，この会社全体としては750円の貢献利益が失われてしまうことになる（このことはさきの図表6-3を参照されたい）。したがって，亜鉛1kgを使用する者は，A品，B品あるいはC品などいずれの品種の管理者であっても，亜鉛1kg当たりに最低限この750円の貢献利益は獲得しなければならない。

このように考えると，750円という貢献利益は，亜鉛1kgの利用にさいして**「最低獲得すべき必要利益」**という意味で機会原価である。

A品種を生産しようとするものは，亜鉛1kg当たりに750円という機会原価

第6章　インセンティブ価格の特徴と決まり方

を負担しえない。B品種は損益ゼロでギリギリに許容される品種であり，C品種生産者だけが250円の超過貢献利益をあげうる。

前節§3でのべたように，亜鉛1kgの取得原価200円（すなわち外部市場からの購入支出原価）に対し機会原価750円を加算した950円が，亜鉛の「振替価格」となる。このような機会原価によるグループ内振替価格を使えば，各品種部門の管理者は亜鉛資源を使用することが採算に合うかどうかを独自に（分権的に）判断することができる。

このように，**機会原価による振替価格（これは「需給均衡価格」である）によって分権的な意思決定が可能になる**（ある価格弾力性のもとで売上収益が販売価格の関数となっている状況では，上記のB品種のように損益ゼロで採算が無差別の状況になることはないので，明瞭に分権的な生産量の決定が可能である[4]）。

しかし，図表6－3（あるいは図表6－1と2）を使って機会原価による振替価格（需給均衡価格）を算定することそのものが本部ですべての部門情報を収集した上で中央集権的に決定されるし，その振替価格の算定と同時に，全社的に最適な生産計画（亜鉛の配分計画と各種製品の生産量の計画）が集権的に決定されている。だから，**本部による中央集権的な決定でも，正しい最適なプロダクト・ミックスを決定することができるので，もはや需給均衡価格の振替価格による分権的決定法は回りくどい二重計算**である[5]。

したがって，ネットワーク組織においては「数量決定」が中核企業によってなされるから，「需給均衡価格」による分権的決定はネットワーク組織では不要だということになる[6]。

3・2　機会原価としてのシャドウ・プライス

本章§3の数値例とは違って，一般の状況では，複数の品種（またはアクティビティ）に対して共通にあてはまる制約条件が2つ以上存在するので，本章§3のように会計的に簡単な計算によって最適セールズ・ミックスを決定することは困難である。数理計画法の手法に頼らざるをえなくなる。

シュマーレンバッハの亜鉛の配分問題も，線形計画法（LPモデル）に定式化

しなおすことができる (Opfermann und Reinerman (1965))。シュマーレンバッハの例において、最後の亜鉛1単位のあげる貢献利益750円は機会原価であることをさきにのべた。この750円の機会原価は、ＬＰモデルでは亜鉛に関する制約条件式のシャドウ・プライスとして算出される。

なお、本章の「2・4　資源供給量が資源需要量を超える場合」をＬＰモデルに定式化すると、最適解では亜鉛資源が過剰と判定され、そのシャドウ・プライス＝０となる。これは亜鉛の機会原価０に対応している[7]。

シャドウ・プライスは、資源が過剰に存在して余裕のあるところでは、そのシャドウ・プライスはゼロの値をとり、ポジティブの値をとらない（つまり、本例では利益が帰属されない）。資源が希少なところ、能力が不足して困っている資源では、そのシャドウ・プライスは非負の値を取る（つまり、本例では利益が帰属される）[8]。

§4　結　び：シナジー効果実現への長期的な貢献度とインセンティブ価格の目的

シャドウ・プライス法の問題点

Kaplan (1982) は、数理計画法のシャドウ・プライスによる需給均衡価格としての振替価格に対して、筆者とは異なるインセンティブの観点から否定的な見解をのべた。すなわち、シャドウ・プライス法では、各部門が希少資源を有するときにだけ利益を帰属させるということを各部門管理者が知ったならば、彼らが自己の生産能力や販売能力の情報を本部に正確に伝えることは期待できない。つまり、シャドウ・プライスによって全社的な結合利益を各部門に配分しようとすれば、部門管理者が逆機能的な行動 (dysfunctional behavior) や情報の戦略的な操作を行うことを誘導することになりかねない。いいかえれば、「真実の情報」(truthful information)を提供させるような「誘引両立性」(incentive comparability) が保証されないのである。

第6章　インセンティブ価格の特徴と決まり方

インセンティブ価格法のメリット

　筆者は上記のような「誘引両立性」の観点からではなく，心理学的な**動機付け理論**（たとえば，「期待理論」）のフレームワークから見て，特に資源能力に余裕のある部門には利益が帰属されないので，成果主義の報酬システムのもとでは同部門の管理者は測定利益額にもとづいた報酬額が小さくなり，彼の次期以降の自助努力が動機づけられにくいと思う。

　線形計画法のアルゴリズム（complementary slackness theorem：「緩急相補性の定理」）では，社内の資源の需給関係からくる資源の希少性だけが複数部門の共同活動による結合利益の配分基準とされている。しかし，**社内の資源の需給関係は年度内の季節的変動など短期的な条件によって決まってくるので，シャドウ・プライスの値も月ごとに変化しうる。このような変わりやすい評価の基準を，そこで働く人々は信用するであろうか。**

　これに対し，**インセンティブ価格法の考え方**によれば，<u>各部門の管理者や従業員の長期にわたる経営努力・自助努力の蓄積が知的資産・無形資産の形成につながり，そのような長期的自助努力の蓄積に基づいて結合利益を配分していくものであり，部門管理者や部門従業員の納得・公平感を得やすいと思える。</u>

　そのような**長期的な貢献要因**としては，ネットワーク組織内の各企業のもつ有形・無形の資源があり，それらの資源が豊富に蓄積されている企業の方が結合利益の実現に寄与するところが大きい。たとえば，販売会社では販売網という無形資産，製造会社では生産管理のノウハウという無形資産や，研究開発の技術ノウハウという無形資産がこれである。有形資産でも固定設備がこれである。これらの有形無形の資産への投資額や，人的資源の投下コスト，つまり人件費支出の大きさなどは結合利益の実現に貢献している。

　ネットワーク組織の参加者は，このような長期的要因の貢献尺度による利益配分によりよく満足するであろう[9]。シャドウ・プライス法は保有資源の短期的な規模を反映したものだが，インセンティブ価格法は保有資源の長期的な規模を反映したものである。

　ここで，インセンティブ価格の目的をもう一度のべておきたい。

インセンティブ価格とは，各部門の利益貢献度に応じた適切な利益配分を各部門に行い，すべての部門の管理者の参加努力・自助努力を促すことを目的にした，財の**移転価格**である。部門管理者の参加決定や努力水準の決定というのは，その組織ネットワークへの彼の長期的なコミットメントを意味するので，長期的な貢献度指標が重視されるべきであろう。

インセンティブ価格による社会的な最適組織編成

「インセンティブ価格」は，アダム・スミスの想定していた「見えざる手」としての需給均衡価格ではないが，企業資源の価格システムとしては「見えざる手」に似た自動調節機能をもつ。すなわち，ネットワーク組織は，ネットワーク外の企業に対してもオープンに窓を開けている「オープン・システム」であるから，メンバー候補の企業が誘因としてのインセンティブ価格の値を見るや，**本部が命令しなくても，自然に社会的にみて最適な組織編成が導かれる**。

なぜならば，もし本部の意図どおりにはメンバー候補企業が当該ネットワークに参加してくれずに，他のネットワークに帰属してしまうとすれば，それは当該本部のネットワーク組織からの配分利益が小さかったために当該メンバー候補を満足させることができなかったわけである。

その時，離反したメンバー候補は独自に単独行動していくか，あるいは他のネットワーク組織に参加していくが，そちらの方が有利だったわけである。このようにして，**実力のあるメンバー候補は自己のオポチュニティ・コストを満足させることのできる実力のある組織に帰属するので，マクロの社会的に見てベストな組織編成（企業資源配分）**が行われていくことになる。ただし，ここでの資源は個々の組織単位のもつ資源（個別企業のもつ資産など）を指す。

付録

累積的機会原価法による利益配分

§1 本付録の目的

本付録の目的は,部門管理者の努力を誘導するような利益配分システムとして利用可能なように,モリアリティの配分法を修正することである。モリアリティ法はその単純さのゆえに実用性があるが,部分結託の可能性がある場合にゲームのコア条件を満たさないことがその欠陥である。

モリアリティの配分法(Moriarity [1975])はもともと共通費ないしは結合原価の配分のために提示された公式であるが,その修正は最初,追加加工費をめぐって行われた(Louderback [1976] やBalachandran and Ramakrishnan [1981]がこれである)。その後,モリアリティ法を修正して協力ゲームのコアの中に配分をもたらすための工夫がギャンゴリー(Gangolly [1981])によって行われた。だが,彼の修正法は計算が複雑で実行にたえない。

本付録は,コア条件よりは制限が緩い「Φ安定」の条件を満たすようにモリアリティ法を修正するものである。

Φ安定の概念については,話の順序としてここではその要点だけを述べておく。

結託の形成のあり方がまったく自由というわけではなく,制限がある場合に,

利得の配分が安定する条件を満たすと，それはΦ安定と呼ばれる。いま全プレイヤーの集合$N=\{1,2,\cdots,n\}$ が分割されてできるある結託構造 $\beta=[S_1, S_2, \cdots, S_m]$ のもとで[(1)]，$\phi=(\phi_1, \phi_2, \cdots \phi_n)$ という配分が行われるとし[(2)]，これを組 (ϕ, β) であらわす。さらに，結託構造 β から一定の制約Φに従って新しく許容される結託構造を $\Phi(\beta)$ であらわす。このとき元の (ϕ, β) が次の(1)，(2)式の条件を満たすとき，Φ安定であるという（鈴木［1959］参照）。

新しく許容される結託構造 $\Phi(\beta)$ に属する任意の結託Tについて，

$$\sum_{i \in T} \phi_i \geq R(T), \quad R(T)=結託のもたらす最大利益 \quad \cdots\cdots(1)$$
　　　　　（これを「許容結託合理性」と呼ぼう）

が成立する。また，元の β に属する2部門以上のすべての部分結託 S_j に属する部門 i について

$$\phi_i > R(\{i\}) \quad （これを「厳密な個人合理性」と呼ぼう）\cdots\cdots(2)$$

が成立する。

ここに部門への配分利益がΦ安定の条件を満たすように工夫することによって筆者が意図していることは，一部の部門による部分的な結託（ただし，それは許容される結託にかぎる）を思いとどまらせ，すべての部門による全社的な最大の協力関係に各部門が自主的に参加するように誘導することである。

さてここで，モリアリティの配分公式を利益配分に適用してもう一度表現しておくと，次のようになる。

　　ϕ_i＝部門 i に対する利益配分

　　$R(\{i\})$＝部門 i が単独行動するときの最大利益

　　$R(N)$＝全部門が協力する最大結託 S_N のもたらす最大利益

　　このとき

$$\phi_i = R(\{i\}) + \frac{R(\{i\})}{\sum_{i \in S_N} R(\{i\})}(R(N) - \sum_{i \in S_N} R(\{i\})) \quad \cdots\cdots(3)$$

最後尾の $(R(N) - \sum_{i \in S_N} R(\{i\}))$ は全部門が共同行動した場合の利益増分をあらわしている。したがって，モリアリティの配分法は，全部門の共同行動による増分利益の分配であることがわかる。

ここでいま，

$$R(N) - \sum_{i \in S_N} R(\{i\}) > 0$$

を仮定すると，必ず

$$\phi_i > R(\{i\})$$

が成立する。この式の成立によってモリアリティ法は，上記のΦ安定の条件のうちの「厳密な個人合理性」を満たしていることがわかる。

しかし，部分結託が成立しうる場合にモリアリティの方法をそのまま適用すると，本部による配分利益を部門が拒否してしまう可能性がある[3]。そこで，Φ安定のための(1)式の条件（「許容結託合理性」）を満たして部門が満足するような配分利益を算出しうるように，この配分方法を修正することが本章のねらいである。

その新しい方法が筆者の提案する「累積的機会原価法」(Cumulative Opportunity Cost Scheme) である。

この方法のメリットは，第1に計算が単純であること，第2に上述のようにゲームのΦ安定の条件を満たすこと，そして第3に全体組織の獲得する全社利益の実現に対する貢献度に応じた配分を可能ならしめることである。

§2　利益貢献度による各部門の順位づけ

いま，ある企業にn個の部門が存在すると想定しよう。さらに，この企業では，これらn部門がこの企業組織にすべて全体として結託していてこそ，n部門が稼ぎ出す利益は最大になるものとする。

したがって，n部門のそれぞれは，この企業が全体として稼得した利益を，うまく配分さえしてもらえれば，それぞれ考えうる最大の利益を得ることができる。つまり，このなかの2部門や3部門による部分結託からの利益を配分してもらったり，単独行動からの利益を得るよりも，全社一丸となった全体結託からの配分利益のほうが大となる。したがってまた，成果主義のもとでは各部門管理者も最大の報酬を得ることができる。

そのように各部門管理者それぞれに満足してもらえるような利益配分の方法は、いかなる基準によるべきか。

それは、全社的な利益の実現に対する貢献度の大きい部門ほど、より大きな配分利益を受けるという基準であろう。

このような各部門の利益貢献度の順位を決めるには、本部が全体組織から1部門ずつ減らしていく場合に、最も不利な部門を先に取り除き、比較的有利な部門を後回しにするという方法をとればよい。すると、脱落する順位と逆向きの順番が利益貢献度の順位になる。このような順位づけの方法を「貢献度順位決定法」(contribution-ranking method) と呼んでおこう。

すなわち、この手続きを一般化して表現すると、次のようになる。

いま t 個の部門からなる結託Tからまっ先に脱落するもっとも不利な部門 i を判定するには、次のモデルを用いる。

$$\min_{\substack{i \in S_T \\ S_T \subseteq S_N}} [R(T)-R(T-\{i\})] \quad \cdots\cdots\cdots\cdots\cdots\cdots\cdots\cdots\cdots\cdots\cdots\cdots (4)$$

ここで、S_T＝t 個の部門からなる結託

S_N＝n 部門からなる全体結託

$R(T)$＝結託S_Tの期待最大利益

$R(T-\{i\})$＝結託S_Tから部門 i だけを抜いたときの、t−1 個の部門からなる結託の期待最大利益

(4)式において、第1ステップは$S_T＝S_N$のときである。

次のステップは、結託$S_{T-\{i\}}$からもっとも不利なメンバー部門 j を探し出すことである。すなわち、(4)を適用して、次式を用いる。

$$\min_{\substack{j \in S_T \\ S_{T-\{i\}} \subset S_T \subseteq S_N}} [R(T-\{i\})-R(T-\{i\})-\{j\}] \quad \cdots\cdots\cdots\cdots\cdots\cdots (5)$$

このプロセスによれば、いかなる組織（全体組織）においてもそれを構成する全部門について、ある一意的な排除の序列ができあがる[4]。このような手続きは、企業が自社内の不利部門を切捨てていく場合の「撤退」のプロセスに似ている。

このような撤退の順位を逆向きにみれば，それは結託の規模（メンバーの数）が拡大していく一意的な順番になり，利益貢献度のより高い部門から優先的に結託に吸収していく序列をあらわすことになる。企業成長のプロセスでは，企業の拡大や多角化が市場における独立的な組織単位を併合（合併や買収や提携）して行われていく場合には，現に存在する提携対象となりうる組織単位の群の中から，そのつどもっとも有利な，つまりもっとも利益貢献度の高い組織単位を選んで，それと提携を結んでいくであろう。このプロセスにも上記の手続きはよく似ている。

このように，結託の規模拡大のプロセスが利益貢献度の高い部門から順に吸収されていくという１本の経路だけに従うと仮定することが，以下で提案する方法の前提である。この仮定は，全体結託の結合利益を各部門の貢献度に応じて配分するために設定されたもので，本部と部門管理者の間で部分結託形成について，このように想定して考えるという約束ごとである。これを「最適成長経路の仮定」（assumption of optimal growth path）と呼んでおこう。換言すれば，それぞれのメンバー数の部分結託について，もっとも有利なメンバー構成の結託だけが成立しえて，そのメンバーになれなかった部門は，単純行動をしなければならないとする仮定である。

結託の規模が１本の「最適成長経路」だけに従って拡大していくので，各部門管理者の結託参加に関する意思決定の自由は次の３つである。

1) 各部門は２部門以上のメンバー数からなる部分結託に属しているときには，自己よりも結託貢献度で下位の部門に対して結託への参加を勧誘するかしないかの決定の自由がある。
2) また各部門は上記のような部分結託に属しているときには，その結託から脱退して単独行動をとるべきか否かを決定する自由もある。
3) 各部門が現在単独行動しているときには，他の部門結託（ないし最強部門）からその結託への参加の勧誘を受けたときに，参加を承諾するか拒否するかの決定の自由がある（しかし，そのような単独行動部門は，他の結託内に属している部門を勧誘し，引抜いて別の部分結託を形成する権限はない）。

ところで，部分結託の最適成長経路の仮定は必ずしもメンバー間の約束ごとにはかぎらない。この仮定が現実にも成立するケースが数多く存在する（これには(4)式は不要）。

第1に，「持株会社」(holding company) の制度がある。たとえば，ある連結企業集団を考えると，親会社は子会社に出資し，この子会社が孫会社に出資するという関係で次々と結託の規模が拡張していく場合である。

第2に，自動車産業や電器産業の企業系列化にみられるように，組立メーカーが主体となって第1次下請メーカー（主部品のメーカー），次に第2次下請メーカー（孫部品メーカー）といった形で系列内の企業数が拡大していく。この場合，系列（結託）に入らない企業は単独行動の企業（つまり独立型メーカー）ということになる。

第3に，化学工業においては第2の例とは逆に，原料購入部門からスタートして，順次，第1次処理部門，第2次処理部門というように上流から下流に向かって原料の処理プロセスの順で結託が拡大していくと考えることができる。

第4に，実際には上記の3つのケースについても，もっと複雑に入り組んだ関係がみられるが，大筋としては1本の最適経路を仮定してよい。最適成長経路は本章のように直線的な1本の経路だけでなく，ツリー状に拡大するケースも含めて考えることができる。

そこで，たとえば，4つの部門 X, Y, Z, W を有する企業を想定してみよう。これに上記の(4), (5)式のルールを適用した結果，全体組織から脱落していく順位が部門 W→Z→Y→X となったとする。このとき，その逆の順序 X→Y→Z→W が利益貢献度の順位になる。

さて，(4)式のルールによって，全体結託 S_N から部門の数を1ずつ減らしていった場合の最大利益を与える部分結託の系列が，

$S_N, S_{N-1}, \cdots, S_{N-i+1}, S_{N-i}, \cdots, S_1$

となっているとする。ここで，

$S_{N-i} \subseteq S_{N-i+1}$

4部門 X, Y, Z, W のケースでは，たとえば，

$$S_{x+y} \subset S_{x+y+z} \subset S_{x+y+z+w} \quad \cdots\cdots\cdots(6)$$

ここで，S_{x+y} などのサブスクリプト（x+y）は，部門 X と Y の結合（X∪Y）を意味する。

という所属関係で部分結託の系列が考えられる。

ここで，現在の結託構造は次のように全体結託（grand coalition）β になっているものとする。

$$\beta = (S_{x+y+z+w})$$

このときの配分は，

$$\phi = (\phi_x, \phi_y, \phi_z, \phi_w)$$

となっている。

この β に対する批判的な結託構造として許容される結託構造 $\Phi(\beta)$ は，次の3つにかぎられる。

$$\Phi(\beta) = (S_{x+y+z}, S_w)$$

$$\text{または}$$

$$= (S_{x+y}, S_z, S_w)$$

$$\text{または}$$

$$= (S_x, S_y, S_z, S_w)$$

したがって，Φ 安定の条件(1)式は，この場合次のようになる。

$$\phi_x + \phi_y + \phi_z \geq R_{x+y+z}$$

$$\phi_x + \phi_y \geq R_{x+y}$$

ここで，R_{x+y+z} などは，これまでの記号法で表現すれば，R(｛X∪Y∪Z｝)となる。しかし，以下でも個別部門名を使うときには表現の単純化のためにサブスクリプト（x+y+z）を用いることにする。

このようなことが n 部門の場合にもつねに成立するように，モリアリティ法を修正することが筆者のねらいである。

また，結託構造がまったく自由に形成されるわけでなく，特定の許容結託構造に限定される場合には，その許容結託の特性関数には優加法性は成立しない。しかし，本章では，部分結託 $S_{T-\{i\}}$ の結合利益 R(T−{i})と，部分結託 S_T の結合利

益$R(T)$との間には，次の関係が成り立つものとする。

$$R(T) \geq R(T-\{i\}) + R(\{i\}) \quad \cdots\cdots\cdots\cdots\cdots\cdots\cdots\cdots (7)$$

ここで$R(\{i\})$＝部門 i の単独行動の利益

ただし $i \in S_T$

(7)式は優加法性の条件に似ているが，全体集合S_Nに属する任意の部分結託S_Tについてこの式が成立するのでなく，許容結託$S_T, S_{T-\{i\}}, S_i (S_T \subseteq S_N, i \in S_T)$ についてのみ成立する点が特徴である。筆者は(7)式を「許容結託の規模の経済性」(scale merit of admissible coalition) と呼んでおく。

さきの 4 部門のケースでは(7)式は次のようになる。

$R_{x+y+z+w} \geq R_{x+y+z} + R_w$

$R_{x+y+z} \geq R_{x+y} + R_z$

$R_{x+y} \geq R_x + R_y$

したがって，

$$R_{x+y+z+w} \geq R_{x+y+z} + R_w \geq R_{x+y} + R_z + R_w \geq R_x + R_y + R_z + R_w \quad \cdots\cdots (8)$$

という関係が成立することは明らかである。

§3　各部門の累積的機会原価に応じた配分

さてそこで，筆者の主張する「累積的機会原価法」(Cumulative Opportunity Cost Scheme) によって全体結託の結合利益を配分する方法を説明しよう。

この方法の一般的な説明は後述することにする。また，この方法がΦ安定の条件を満たすことの一般化した証明も後述する。ここでは，まずさきの 4 部門の具体的なケースについて例示しておくほうが理解を得やすいであろう。

［第 1 段階］　まず(6)式にみられる結託間の所属関係に着目して，あるいは(8)式にみられる各種の結託の結合利益の順位に着目して，その最小規模（メンバー数が最小）の部分結託S_{x+y}の結合利益R_{x+y}をこれに属する各部門に配分する。これは各部門の単独行動の機会原価（R_xとR_y）[5]の増分（ΔR_xとΔR_y）を算出することを意味する。すなわち，

$$R_{x+y} = (R_x + \Delta R_{x1}) + (R_y + \Delta R_{y1})$$

として,

$$\Delta R_{x1} = \frac{R_x}{R_x + R_y}(R_{x+y} - R_x - R_y)$$

$$\Delta R_{y1} = \frac{R_y}{R_x + R_y}(R_{x+y} - R_x - R_y)$$

[第2段階] 次に,第2に大きな部分結託のグループ (XとYとZ) に属する各部門の機会原価増分[6]を計算する。すなわち,

$$R_{x+y+z} = (R_x + \Delta R_{x1} + \Delta R_{x2}) + (R_y + \Delta R_{y1} + \Delta R_{y2}) + (R_z + \Delta R_z)$$

として,

$$\Delta R_{x2} = \frac{R_x + \Delta R_{x1}}{R_{x+y} + R_z}(R_{x+y+z} - R_{x+y} - R_z)$$

$$\Delta R_{y2} = \frac{R_y + \Delta R_{y1}}{R_{x+y} + R_z}(R_{x+y+z} - R_{x+y} - R_z)$$

$$\Delta R_z = \frac{R_z}{R_{x+y} + R_z}(R_{x+y+z} - R_{x+y} - R_z)$$

を計算する。

[第3段階] 最後の段階で,全体結託の結合利益$R_{x+y+z+w}$を次のような各部門の機会原価によって配分する。

部門Xの機会原価 $K_x = R_x + \Delta R_{x1} + \Delta R_{x2}$

部門Yの機会原価 $K_y = R_y + \Delta R_{y1} + \Delta R_{y2}$

部門Zの機会原価 $K_z = R_z + \Delta R_z$

部門Wの機会原価 $K_w = R_w$

よって,モリアリティの公式に従って,

$$\phi_x = K_x + \frac{K_x}{K_x + K_y + K_z + K_w}(R_{x+y+z+w} - K_x - K_y - K_z - K_w)$$

$$\phi_y = K_y + \frac{K_y}{K_x + K_y + K_z + K_w}(R_{x+y+z+w} - K_x - K_y - K_z - K_w)$$

$$\phi_z = K_z + \frac{K_z}{K_x + K_y + K_z + K_w}(R_{x+y+z+w} - K_x - K_y - K_z - K_w)$$

$$\phi_w = K_w + \frac{K_w}{K_x + K_y + K_z + K_w}(R_{x+y+z+w} - K_x - K_y - K_z - K_w)$$

　以上の手続きを一般化していうと，本部は全体結託S_Nに属する各部門の単独行動S_1の場合から出発して，次々と次位に大きな部分結託S_Tを確定し，その結合利益R_Tをモリアリティ法によってt個の各部門に配分する。さらに，その部門別の配分利益の累積額を基礎にして，次位に大きな部分結託S_{T+1}の結合利益R_{T+1}をモリアリティ法によってt+1個の各部門に配分する。

　そのようにして，各部門の単独行動の機会原価を順次に増加させていき，最終的に本部の望ましいと考える最大結託S_Nに属する全部門の結合利益を，部門別の増加された機会原価にもとづいて配分する。

§4　Φ安定の条件充足の証明

　本節では，累積機会原価法がΦ安定の条件を充足することを数学的に証明してみよう。

　結託S_1の要素たる部門をj_1，あるいはj_2，あるいはj_3，…，あるいはj_Nとする。つまり，S_1は単独行動をあらわす。結託S_2の要素たる部門をj_1とj_2，結託S_3の要素である部門をj_1, j_2, j_3とし，同様に結託S_Nの要素部門を$j_1, j_2, …, j_N$とする。これらＮ部門の間には，上記の「貢献度順位決定法」(4)式によって，

$$R_{j_1+\cdots j_N} \geq R_{j_1+\cdots j_{N-1}} + R_{j_N} \geq \cdots \geq R_{j_1} + R_{j_2} + \cdots + R_{j_N}$$

という関係があると仮定する（これ以外の関係は存在しないと仮定する）。

　ここで，すべての単独行動の利益R_{j_1}は正とする。したがってまた，「許容結託の規模の経済性」の条件(7)式によってＮ部門に関する上記のすべての部分結託の結合利益も正である。

　はじめに2部門からなる結託の結合利益$R_{j_1+j_2}$を次のように定義する。

$$R_{j_1+j_2} = (R_{j_1} + \Delta R_{j_1}^1) + (R_{j_2} + \Delta R_{j_2}^1)$$

として，

付録　累積的機会原価法による利益配分

$$\Delta R_{j_1}^1 = \frac{R_{j_1}}{R_{j_1}+R_{j_2}}(R_{j_1+j_2}-R_{j_1}-R_{j_2}) \geq 0 \quad (\text{許容結託の規模の経済性による})$$

$$\Delta R_{j_2}^1 = \frac{R_{j_2}}{R_{j_1}+R_{j_2}}(R_{j_1+j_2}-R_{j_1}-R_{j_2}) \geq 0 \quad (\text{許容結託の規模の経済性による})$$

次に i 個の部門の結託の結合利益 $R_{j_1+\cdots+j_i}$ を次のように定義する。

$$\begin{aligned}R_{j_1+\cdots+j_i} =& (R_{j_1}+\Delta R_{j_1}^1+\cdots+\Delta R_{j_1}^{i-1}) + (R_{j_2}+\Delta R_{j_2}^1+\cdots+\Delta R_{j_2}^{i-1}) \\ &+ (R_{j_3}+\Delta R_{j_3}^1+\cdots+\Delta R_{j_3}^{i-2}) + (R_{j_4}+\Delta R_{j_4}^1+\cdots+\Delta R_{j_4}^{i-3}) \\ &+ \cdots + (R_{j_i}+\Delta R_{j_1}^1)\end{aligned}$$

として,

$$R_{j_1+\cdots+j_i} - R_{j_1+\cdots+j_{i-1}} - R_{j_i} = R_1$$

とおくと,

$$\Delta R_{j_1}^{i-1} = \frac{R_{j_1}+\Delta R_{j_1}^1+\cdots+\Delta R_{j_1}^{i-2}}{R_{j_1+\cdots+j_{i-1}}+R_{j_i}}R_1$$

$$\Delta R_{j_2}^{i-1} = \frac{R_{j_2}+\Delta R_{j_2}^1+\cdots+\Delta R_{j_2}^{i-2}}{R_{j_1+\cdots+j_{i-1}}+R_{j_i}}R_1$$

$$\Delta R_{j_3}^{i-2} = \frac{R_{j_3}+\Delta R_{j_3}^1+\cdots+\Delta R_{j_3}^{i-3}}{R_{j_1+\cdots+j_{i-1}}+R_{j_i}}R_1$$

$$\Delta R_{j_4}^{i-3} = \frac{R_{j_4}+\Delta R_{j_4}^1+\cdots+\Delta R_{j_4}^{i-4}}{R_{j_1+\cdots+j_{i-1}}+R_{j_i}}R_1$$

$$\vdots$$

$$\Delta R_{j_1}^1 = \frac{R_{j_i}}{R_{j_1+\cdots+j_{i-1}}+R_{j_i}}R_1$$

このように $\Delta R_{j_i}^k$ を定義すると,まずそれがすべて非負であることを証明しておこう。

$$\Delta R_{j_1}^{i-2} = \frac{R_{j_1}+\Delta R_{j_1}^1+\cdots+\Delta R_{j_1}^{i-3}}{R_{j_1+\cdots+j_{i-2}}+R_{j_{i-1}}}(R_{j_1+\cdots+j_{i-1}} - R_{j_1+\cdots+j_{i-2}} - R_{j_{i-1}}) \geq 0$$

と仮定すると,許容結託の規模の経済性条件(7)式により,

$$R_{j_1+\cdots+j_{i-2}} \geq 0, \ R_{j_{i-1}} > 0, \ R_{j_1+\cdots+j_{i-1}} - R_{j_1+\cdots+j_{i-2}} - R_{j_{i-1}} \geq 0$$

なので,

$$R_{j_1} + \Delta R_{j_1}^1 + \cdots + \Delta R_{j_1}^{i-3} > 0$$

といえる。したがって，このとき

$$\Delta R_{j_1}^{i-1} = \frac{R_{j_1} + \Delta R_{j_1}^1 + \cdots \Delta R_{j_1}^{i-3} + \Delta R_{j_1}^{i-2}}{R_{j_1 + \cdots + j_{i-1}} + R_{j_i}} (R_{j_1 + \cdots + j_i} - R_{j_1 + \cdots + j_{i-1}} - R_{j_i})$$

は，

$$R_{j_1} + \Delta R_{j_1}^1 + \cdots + \Delta R_{j_1}^{i-3} > 0, \quad \Delta R_{j_1}^{i-2} \geq 0$$

また許容結託の規模の経済性より，

$$R_{j_1 + \cdots + j_{i-1}} > 0, \quad R_{j_1} > 0, \quad R_{j_1 + \cdots + j_i} - R_{j_1 + \cdots + j_i} - R_{j_i} \geq 0$$

∴ $\Delta R_{j_i}^{i-1}$ も非負

ここで，はじめに $\Delta R_{j_i}^1$ が上記のように非負であることを考慮に入れると，数学的帰納法の論理によって，

$$\Delta R_{j_i}^1, \cdots, \Delta R_{j_i}^{N-2} はすべて非負$$

同様にして，すべての $\Delta R_{j_i}^k$ が非負であることがいえる。

そこで次に，Φ安定の条件の成立そのものの証明に入る。

結託の規模（すなわちメンバーの数）が拡大していった最後の段階で，全体結託の結合利益 $R_{j_1 + \cdots + j_N}$ を次のような各部門の累積的機会原価によって配分する。

部門 j_1 の機会原価 $K_{j_1} = R_{j_1} + \Delta R_{j_1}^1 + \cdots + \Delta R_{j_1}^{N-2}$

部門 j_2 の機会原価 $K_{j_2} = R_{j_2} + \Delta R_{j_2}^1 + \cdots + \Delta R_{j_2}^{N-2}$

部門 j_3 の機会原価 $K_{j_3} = R_{j_3} + \Delta R_{j_3}^1 + \cdots + \Delta R_{j_3}^{N-3}$

部門 j_4 の機会原価 $K_{j_4} = R_{j_4} + \Delta R_{j_4}^1 + \cdots + \Delta R_{j_4}^{N-4}$

$$\vdots \qquad \vdots \qquad \vdots$$

部門 j_{N-1} の機会原価 $K_{j_{N-1}} = R_{j_{N-1}} + \Delta R_{j_{N-1}}^1$

部門 j_N の機会原価 $K_{j_N} = R_{j_N}$

$K_{j_1} + \cdots + K_{j_N} = K$ とおくと，

N部門に対してそれぞれ

$$\phi_{j_i} = K_{j_i} + \frac{K_{j_i}}{K}(R_{j_1 + \cdots + j_N} - K) \quad \cdots\cdots\cdots\cdots\cdots(9)$$

と配分する。

ここで，すべてのR_iが正で，かつすべての$\Delta R_{j_i}^k$が非負であるので$K_{j_i}>0, K>0$。
また$K=K_{j_1}+\cdots+K_{j_{N-1}}+K_{j_N}=(K_{j_1}+\cdots+K_{j_{N-1}})+K_{j_N}=R_{j_1+\cdots+j_{N-1}}+R_{j_N}$
さらに許容結託の規模の経済性により，

$$R_{j_1+\cdots+j_N}-R_{j_1+j_{N-1}}-R_{j_N}=R_{j_1+\cdots+j_N}-(R_{j_1+\cdots+j_{N-1}}+R_{j_N})\geq 0$$

$$\therefore \quad \frac{K_{j_i}}{K}(R_{j_1+\cdots+j_N}-K)\geq 0$$

$$\therefore \quad \phi_{j_i}\geq K_{j_i}\geq R_{j_i} \quad \text{(厳密な個人的合理性の条件(2)式の充足)}$$

また

$$\sum_{i=1}^{N}\phi_{j_i}=\sum_{i=1}^{N}K_{j_i}+\frac{(R_{j_1+\cdots+j_N}-K)}{K}\sum_{i=1}^{N}K_{j_i}$$
$$=K+R_{j_1+\cdots+j_N}-K=R_{j_1+\cdots+j_N} \quad \text{(集団的合理性の充足)}$$

さらに$2\leq k\leq N-1$で

$$\sum_{i=1}^{K}\phi_{j_i}\geq \sum_{i=1}^{K}K_{j_i}$$

$$\sum_{i=1}^{K}K_{j_i}=(R_{j_1}+\Delta R_{j_i}^1+\cdots+\Delta R_{j_i}^{k-1})+\cdots+(R_{j_k}+\Delta R_{j_k}^1)$$
$$=R_{j_1+\cdots j_k}$$

$$\therefore \quad \sum_{i=1}^{K}\phi_{j_i}\geq R_{j_1+\cdots j_k} \quad \text{(許容結託合理性の条件(1)式の充足)}$$

よって，累積的機会原価法はΦ安定の条件を満たす(Q.E.D.)。

§5 結 び

本付録で提案した「累積的機会原価法」は，部分結託の規模の拡張プロセスが各部門の利益貢献度によって最適成長経路に従うという合意のもとで利益配分を行う。この「最適成長経路の仮定」は，部分結託形成に関して本部と部門管理者の間で想定される約束ごとである。本章のモデルはこの仮定による貢献度順位決定法が企業内の全部門によって受入れられるところでのみ適用可能である。

この仮定に関連して，たとえば4つの部門X, Y, Z, Wが存在する企業内で，3部門の部分結託が生ずるときに，S_{x+y+z}の結託だけが生じて，それ以外のい

かなる結託（S_{x+y+w} や S_{x+z+w} や S_{y+z+w}）も生じえないと仮定することは，決して不自然ではない。なぜならば，(4)式による貢献度順位決定法によって，これら3部門の結託の結合利益の間に

$$R_{x+y+z} > R_{x+y+w} \text{ または } R_{x+z+w} \text{ または } R_{y+z+w}$$

が成立するかぎり，各部門の自律的な参加決定を通じて S_{x+y+z} の結託だけが実現することは自然のなりゆきと考えられるからである。

　この仮定に従う実例も多いので，この仮定は現実性もある。この貢献度順位は1本の経路だけでなく，ツリー状に分岐していく経路も含めてよいが，分岐した枝と枝が幹の方向にではなく枝の方向で相互に接続するケースなどは取扱わないので，モデルの適用場面にも注意すべきである。

　この配分法のメリットを要約しておくと，次のとおりである。第1にその配分利益がΦ安定の条件を満たすので，どの部門もそれを喜んで受入れるであろう。第2に，全社利益の実現に対する利益貢献度のより大なる部門により大きな配分利益を与えることになるので，「貢献度に応じた配分」としての公平性が達成される。

　これら2点について敷延すると，各部門の単独行動が生み出す利益額の大きさの順位で配分するのではなく，あくまでも当該部門が他の部門と共同行動（提携・結託）したときに共同行動から得られる全体利益の実現に対して各部門が果たす貢献度の順位に従って配分するのである。ある部門がこの貢献度順位に反する利益配分を与えられるならば，この部門は単独行動をとった方がより大きな利益を実現できることがあり，そのような部門を共同行動に参加させることが不可能になってしまう。

　全体結託の全体利益の実現にとって貢献度の低いような部門でも，この配分法によれば単独行動の利益よりも必ず大きな利益が配分されるので共同行動への参加を誘導できる。このような部門が「隣の部門はずっと大きな配分利益を受けている」として不満をもち，全体結託から離脱すれば，全体結託に参加しているときよりも必ず小さな利益しか享受できなくなるので，そのような不満は生じにくい。したがって，全体利益の実現に対し貢献度の低い部門であって

付録　累積的機会原価法による利益配分

も，この方法による配分利益を不満として全体結託から離脱して単独行動をとることはない。

第3の利点として，その計算が単純であるから，実践的な適用可能性が高い。

最後に累積的原価法がモリアリティの配分法（本付録の(3)式）と一致する状況についてのべておく。

M&Aでは，そのつどの新規の統合候補になる企業（ターゲット企業）と，統合をしかける側の企業グループ内の統合当事企業だけを考慮して，両者の間でマージナルな（境界的）利益配分を行えばよい。その理由は，統合をしかける側の連結企業グループ（ネットワーク組織の一形態）の内部では，中核企業（親会社）の資本的な支配力・統制力が強いので，子会社同士が勝手に部分結託したりグループ離脱を図ることは難しいからである。さらに，連結企業グループの中で，特定の事業単位がグループ外の同業他社と水平統合したり，あるいは特定事業単位のサプライチェーンの強化のためにグループ外企業と垂直統合したりすることにもよる。シナジー効果はマージナルに生じ，最終的に連結決算に入ってくる。

また，わが国の自動車産業の企業グループの「系列」には，中核企業と協力会社との間の強い取引関係や役員派遣の関係などによって中核企業の「実質的な支配力」が存在する。この場合，系列内の参加企業同士が勝手に部分結託したり，系列を離脱したりすることは容易ではないであろう。

このような場合には，M&Aのターゲット企業と買収や合併をしかける側の企業（既存の企業グループに属している）との間の「買収価格」の決定や，連結企業集団内の財貨・役務の「国際移転価格」の決定においては，利益配分は単純なモリアリティ法によればよい。実際，本書で筆者が提案したり取り上げた利益配分法は，すべて実質的にこの方法によっている。これは累積的機会原価法の特殊なケースともいえるが，既存の企業グループあるいはネットワーク組織の中で部分結託がまったく想定されないような強い結束がある場合だから，モリアリティ法そのものが累積的機会原価法の特殊ケースとして安定的な配分をもたらすのである。

各章の注記と参考文献

第1章の注記と参考文献
注記
(1) セル生産方式の学術的な定義

　生産管理でいう学術用語としての「セル生産」（Cellular Manufacturing）は，わが国でいう「セル生産」とよく似ている。はじめに，わが国の産業界における一般的な実務の現状に従って定義しておくと，次のようになる。

　セル生産とは，「セル」と呼ばれる機械群のフロー型レイアウトのもとで，「類似製品のグループ」に属する製品1単位を，少人数（1人ないし数人）の作業者によって，初めから終わりまで作り上げる生産方式である。

　学術用語のセル生産の定義は，次のとおりである（Stevenson (1990) pp. 354-356，およびSwamidass (2000) 参照）。

　工程設計では，基本的にjob shopタイプの機械配置による生産と，product flowタイプの機械配置による生産があり，Cellular Manufacturingも日本でいう「セル生産」もともに後者に属する。後者の工程設計では類似製品を流すことが前提となっている。したがって，日本のセル生産でも特定のセルでは同一製品ないし類似製品を順にこなしていくので，必ず何らかの形で「グループテクノロジー」の思考で事前に類似製品が選別されていて，それがセルに投入されなければならない。つまり，セル生産をするには，前提として，類似の形状または類似の生産手順をもつ品目または部品のファミリーへのグループ化が必ずなされているはずである。これにより機械は，ある部品のファミリーを処理する群またはセル（生産セル）に集約される。これはとりもなおさずグループテクノロジーの思考であるが，わが国の現場の実務家は必ずしもグループテクノロジーを適用しているという意識をもっているわけではないが，実質的にはその考えが適用されていなくては，現に見られる「セル生産」が成り立たない。

　要するに，セル生産とは，いろいろな機械が「セル」と呼ばれるものに集められるような機械レイアウトのもとでの生産方式である。ここでの機械群は，類似の品目のセット（これを部品ファミリー（part families）と呼んだりする）に対して処理する必要のあるオペレーション（業務）群によって決められる。したがって，セルは製品フロー型レイアウト（プロダクト・レイアウト）のミニチュア版である。セルは，1台の機械によってもなるが，機械相互間を部品がコンベヤーで移動（自動トランスファー）することはないような一連の集合の機械によって構成されることもあり，あるいはコンベヤー

で連結されたフロー・ラインになっていることもある。

　典型的な機能別（プロセス）レイアウトとセル生産レイアウトを比較すると，次のようになる。セル・レイアウトでは，いろいろな機械が「類似部品のグループ」（すなわちファミリー）に必要なすべての業務（作業）を処理できるように配置される。したがって，すべての部品が同じルートに従って処理される（ただし，ある業務だけスキップされるという小さなバリエーションはある）。これと対照的に，機能別レイアウトでは，多様な部品を取り扱う。さらに，部品ファミリーを認識するような必要性はほとんどない。

　セル生産のメリットは，次のようにさまざまなものがある。スループット・タイムが短くなる。マテハン（運搬）が少なくてすむ。仕掛品在庫が少なくなる。段取り回数が減るので，総段取り時間が短くなる。

　以上から，Cellular Manufacturing（セル生産）の形態的な定義としては，米国のそれと日本のそれとの間で相違はないことがわかる。

参考文献

今井賢一・伊丹敬之・小池和男．1982．「内部組織の経済学」東洋経済新報社．
岩室　宏．2002．「セル生産システム」日刊工業新聞社．
大歳卓麻．2004．経済再編，機能単位で，日本経済新聞，6月17日号「経済教室」
Galbraith, J. R. 2002. *Designing Organization: An Executive Guide to Strategy, Structure, and Process,* New and Revised ed. John Wiley & Sons.（梅津祐良訳．2002．「組織設計のマネジメント」生産性出版．）
久保田音二郎編．1991．「管理会計，新版」有斐閣．
週間ダイヤモンド．2003．松下電器　革命1000日，第91巻10号，3月8日号　pp.28−47.
Smith, A. 1776 (1st ed.), 1789 (5th ed.). *An Inquiry into the Nature and Causes of the Wealth of Nations.* London: printed for A. Strahan; and T. Cadell, in the Strand, MD CCLXXXIX.
スミス，A 著・水田洋監訳・杉田忠平訳．2000．「国富論」第5版（1789），岩波文庫．
スミス，A 著・大河内一男監訳．1978．「国富論」第5版（1789），中公文庫．
Solomons, D. 1965. *Divisional Performance: Measurement and Control,* Richrd D Irwin.
Stevenson, W. J. 1990. *Production/Operations Management, Third Edition,* Homewood, IL. Irwin.
Swamidass, P. M. ed. 2000. *Encyclopedia of Production and Manufacturing Management,* Kluwer.（黒田　充・門田安弘・森戸　晋監訳「生産管理大辞典」朝倉書店）．
日本経済新聞社編．2002．「松下　復活への賭け」日本経済新聞社．
松下電器産業(株)．2000年12月1日．「創生21計画の概要」同社ホームページ．

松下電器産業(株)他5社.2002年4月26日.「松下グループの事業再編について」同社HP.
松下電器産業(株).2002年4月26日.「松下グループの事業再編(スライド)」同社HP.
宮本寛爾・小菅正伸.2004年9月.「国際経営組織の設計と管理会計」(日本会計研究学会特別委員会「企業価値と組織再編の管理会計に関する研究」)pp.243−260.
溝口一雄.1967.責任会計としての事業部制会計,(in:黒沢清編,溝口一雄・青木茂男・岡本清共著,「新しい会計学,4,責任会計」日本経営出版会,1967.)
Monden, Y. 1983. *Toyota Production System, 1st edition,* Industrial Engineering and Management Press.
Monden, Y. 1998. *Toyota Production System, 3rd edition,* Engineering and Management Press.
門田安弘.2006.「トヨタ プロダクション システム」ダイヤモンド社.
門田安弘.1989.「振替価格と利益配分の基礎」同文舘.
門田安弘.1989.最近の事業部管理制度における利益管理と原価管理−久保田鉄工の事例−,「企業会計」Vol.41, No.11, 11月 pp.4−8.
門田安弘.2001.「管理会計:分権的組織管理と戦略的ファイナンス」税務経理協会.
門田安弘.2000.事業部制解体と子会社再編による企業価値経営−松下電器を事例として−,「企業会計」Vol.54 No.10, 10月号 pp.4−13.
吉本哲也.2004.松下電器産業の事業ドメイン会社体制,「企業会計」Vol.56 No.5 5月 pp.26−32.
湯原隆男.2001.ソニーにおける企業価値創造経営と業績評価,日本管理会計学会全国大会(東北大学)10月28日,報告スライド.
水野裕司.2002.松下,事業の「破壊」道半ば,「日本経済新聞」,1月13日,p.7.
管野二二.2002.オペレーショナル・エクセレンス:顧客視点の仕組み,「生産性新聞」2002年7月25日号.

第2章の注記と参考文献

注 記

(1) 「ネットワーク組織の中核企業はだれか」という問題を考えてみよう。ネットワークにおいてどの企業が中核企業(インテグレーター)となり、どの企業がインテグレータの中央的決定に従う専門職能担当者となるのか。私見では、ネットワーク組織では参加企業は法的には独立した企業であるから、**どの企業もそれぞれ独自のビジネス領域のネットワークの中では中核企業たりうる。**

それぞれのネットワークはビジネスの種類が異なり、各ネットワークの中核企業は独自の判断でネットワークを設計し、自己のネットワークへの参加候補企業に働きかけて

参加を誘導する。特定の企業に対するそのような参加の働きかけが複数のネットワークの間で重複することがある。それぞれのネットワーク内のビジネス領域における資源配分の決定は，各中核企業の権限が主要な力となって行われる。

　たとえば，出版業界においては出版社のビジネスのネットワークと，書籍輸入販売業者のネットワークと，コンテンツを製作する特定の学会がもつネットワークは，それぞれビジネスの種類が異なるが，特定の出版社，特定の書籍輸入業者および特定の学会がこれら3つのネットワークのいずれにおいても共通のメンバーとなることがある。しかし，中核企業は各ネットワークで異なっている。

　以上の視点とは別に，ネットワーク内の特定企業ではなく，各参加企業の合意のもとに中立的な本部機関が設立される可能性もなきにしもあらずである。たとえば，欧州連合（EU）は，各国の主権，権限を次第に超国家的な本部機関に委譲していって成立した。その本部機関は特定の国が務めているわけではない。そのほか，国際連合や国際通貨基金（IMF），さらに世界貿易機関（WTO），国際オリンピック委員会（IOC）などの運営にも学ぶことが参考になるかもしれない。

(2)　本節でのべた「戦略的決定」，「マネジメント・コントロール」，「タスク・コントロール」という管理機能の3分割は，ロバート・アンソニーのフレームワークによっている（Anthony and Govindarajan(2006)）。

(3)　鉄鉱石や石炭は，資源会社と需要企業が長期の売買契約を結ぶことが多いが，その交渉の目安になるのは，スポット（当用買い）市場の価格である。

(4)　ネットワーク内で2企業が合併した後も，その合併後企業内で元の両社が上流と下流の2つの事業部として連なる場合を想定しよう。この場合にも，事業部間の内部振替価格が価格インセンティブとして働く。もし両事業部にいわゆる「忌避宣言権」が認められている場合には，供給事業部は社内振替えせずに社外の市場に販売し，受入事業部は社内から購入しないで社外市場から購入する。ここでも振替価格の目的は両事業部の参加を誘導するところにある。（ただし，忌避宣言権は供給事業部にはふつう認められない。）

参考文献

Anthony, R., and V. Govindarajan. 2006. *Management Control Systems,* Twelfth ed. McGraw Hill.

今井賢一・伊丹敬之・小池和男．1982．「内部組織の経済学」東洋経済新報社．

大蔵卓麻．2004．経済再編，機能単位で，日本経済新聞，6月17日号「経済教室」．

Cyert, R. M. and March, J. G. 1963. *A Behavioral Theory of The Firm,* prentice-Hall.
　（松田武彦監修・井上恒夫訳．1967．「企業の行動理論」ダイヤモンド社）．

Galbraith, J. R. 2002. *Designing Organization: An Executive Guide to Strategy, Structure,*

and Process, New and Revised ed. John Wiley & Sons. (梅津祐良訳. 2002.「組織設計のマネジメント」生産性出版).
樋口広太郎. 2000. 新・日本型経営の確立急げ, 日本経済新聞5月11日号「経済教室」.
加護野忠男・井上達男. 2004.「事業システムの戦略」有斐閣.
小林敏男. 1999. 組織間関係の管理. in：塩次喜代明・高橋伸夫・小林敏男「経営管理」. 有斐閣. pp.139−164.
前川南加子・野寺大輔・松下円. 2005.「M&Aの基礎」日本経済新聞社.
日本経済新聞の解説記事. 2008. 2つの資源高, 家計に重し, 5月6日.
日本経済新聞. 2008. コスモ証券：CSKが完全子会社化, 5月24日.

第3章の注記と参考文献

注 記

(1) インセンティブ価格の問題は，エージェンシー理論の枠組みで，ネットワーク組織の中核企業をプリンシパル，ネットワーク内のメンバー企業をエージェントとみなし，プリンシパルが複数のエージェントにインセンティブを与える問題として捉えることもできる（それはまた「期待理論（expectancy theory）」の枠組みでも説明できる）。しかし，たとえば，ネットワーク組織内でお互いに業務提携している2社が中核企業の指示によらないで合併することもありうる。このような場合は，エージェンシー理論のフレームワークでは分析できない。

(2) 合併によって収益増加や費用削減だけでなく，一時的な統合コストも発生する。たとえば，情報システム部では，システム統合コストが発生する。販売部や製造部では，店舗統廃合に伴うコストも発生する。

(3) 交付株式数×合併会社の合併日の株価
　　＝（消滅会社の発行済株数×合併比率）
　　　　　　　　　　　　×合併会社の合併日の株価（(5)式の適用による）
　　＝消滅会社の発行済株数×消滅会社の合併日の株価（(8)式の適用による）
　　＝消滅会社の合併日の時価総額

(4) 合併日の統合後企業の時価総額とシナジー効果，および合併公表前の各社のスタンドアローン時価総額との関係は，次の式で表される。

　　合併日に統合後会社が有する時価総額
　　＝｛(合併日直前の合併会社の既発行済株式数)＋交付新株式数｝
　　　×統合後会社の株価 ……………………………………………(ア)
　　＝｛(合併日直前の合併会社の既発行済株式数)×統合後会社の株価｝
　　　＋｛交付新株式数×統合後会社の株価｝

　　　　＝合併会社の従来の株主が合併日に持つ株主価値
　　　　　＋被合併会社の株主が合併日に持つ株主価値……………………………………(イ)
　　　　＝{(合併会社の従来株主の受取るシナジー分)
　　　　　＋(合併会社の合併公表前のスタンドアローン時価総額)}
　　　　＋{(消滅会社株主の受取るシナジー分)
　　　　　＋(消滅会社の合併公表前のスタンドアローン時価総額)}　………………(ウ)

(5) 会計利益法（オールソンモデル）の基本式

$$VE_1 = NA_1 + \frac{RI_1}{(1+k_e)} + \frac{RI_2}{(1+k_e)^2} + \frac{RI_3}{(1+k_e)^3} + \cdots + \frac{RI_\infty}{(1+k_e)^\infty}$$

$$= NA_1 + \frac{RI_1}{(1+k_e)} + \frac{RI_2}{(1+k_e)^2} + \frac{RI_3}{(1+k_e)^3} + \cdots + \frac{RI_n}{(1+k_e)^n} + \frac{RCV_n}{(1+k_e)^n}$$

　　　VE_1＝評価時点（第1期首）の株式価値
　　　NA_1＝第1期首の純資産簿価
　　　RI_t＝t期の「普通株主に帰属する残余利益」の期待値
　　　RCV_n＝n＋1期以降の会計利益をn期末時点に割り引いた価値
　　　k_e＝株主資本コスト

　　なお，「株主に帰属する利益」RI_tは，
　　　$RI_t = NP_t - NA_{t+1} \times k_e$
　　ここで，NP_t＝t期の税引後純利益（つまり**財務会計上の当期純利益**）の期待値
　　　　　　NA_{t+1}＝**t期末の純資産簿価**
　　また，k_eが株主資本コストである理由は，NP_tが財務会計上の当期純利益であるので，すでに他人資本コスト（利子費用）を控除したものになっているからである。

(6) なぜならば，「残余利益のDCF法」を合併前時点で各社に適用すると，
　　各会社の合併公表前時点のスタンドアローン株主価値
　　　　＝同時点の各社の純資産簿価＋同社の将来の各年の残余利益の現在価値合計
　　同様に，「残余利益のDCF法」を統合後企業に適用すると，
　　合併日時点における統合後会社の株主価値
　　　　＝「各会社の合併公表前時点のスタンドアローン株主価値」の両社合計
　　　　　＋統合後企業の将来の各年残余利益の現在価値合計
　　となるからである。

(7) ここで，「シナジー効果の現在価値」＝Cは，上記の注6の後半でのべた，統合後企業の各期の予想「残余利益」RI_tの現在価値の合計である。

(8) 補足であるが，注4の(イ)式から
　　　　合併日に統合後会社が有する時価総額＝X＋Y

であるから，

　　合併比率＝｜X/消滅会社の発行済株数｜
　　　　　　÷｜(X＋Y)/(合併会社の合併前の既発行株数＋合併日の交付新株数)｜…(エ)

によっても合併比率は決まる。ただし，「X＋Y＝合併日の統合後会社の時価総額」であるから，右辺の分母＝合併日の統合後会社の株価

　よって，合併比率＝**合併日の消滅会社の株価÷合併日の統合後会社の株価**

　この式は，(7)式そのものであることがわかる。

(9)　とはいえ，ネットワーク組織において支配権保持に届かない「資本提携」には問題もある。流通大手のイオンはわずか15％という小さな出資比率による資本提携でドラッグストア大手のCFSをイオングループに取り込んで自社のドラッグストア戦略に従わせようとしていた。しかし，結局，このような緩い連携では中核企業はグループ戦略を実行できないで，CFSによるイオングループ離脱闘争を起こさせる結果になってしまった。

　わが国では，トヨタの部品メーカーとの関係でも同じだが，子会社化まで行かない出資比率であっても主要取引先であることや，役員派遣などの人的関係が強いと，実質的な支配力を行使できた。しかし，CFSとイオンはCFSの株主総会において委任状争奪戦（プロキシー・ファイト）にまで至ってしまった。本事例は，取引関係や役員派遣関係があっても（イオンの社長はCFSの取締役になっていた），出資比率で支配権をもっていないと，グループ経営がうまく実行できないケースである。

　ただ，CFSの事例では，CFSの経営者がCFSの創業者であったことも影響しているであろう。創業者は自分の創った企業の独立性を強く望むことが予想される。また，グループ経営（ネットワーク経営）において緩い資本提携のメリットとして，提携先の経営者や従業員の士気を高めやすくなると指摘する経営者もいる。

　結果としては，CFSはイオンとイオングループからの離脱闘争に敗れ，創業経営者は社長を退き，その長男が後継社長になった。ただし，副社長はイオンから派遣された。しかし，2007年2月期に最終赤字に転落していたCFSは，今後はイオン系のドラッグ連合や食品スーパーと提携しながら既存店の再生を図ることになった。またイオン自身もCFSへの資本提携を強化するために，33.3％出資にまで議決権を高めることになった。この追加出資はまずTOBで24.4％にしたうえで，CFSの第三者割当増資に応じて行われた。（以上は，日経新聞2008年3月2日号/同3月2日号/同3月12日号/同3月18日号を参照）。

　この事例を通じて学べるもうひとつのことは，CFSに15％出資しているイオンの経営者は，イオングループ経営の戦略を強くいうよりも，同じ株主の立場を強調して「統合比率がCFSの株主にとって不利」という点に絞り込んで，CFSの個人株主や取引先株主の共感を獲得したという点である。つまり，結局はCFSの**株主の利益**の観点から，イオ

ン側かCFS側かどちらのネットワーク組織に帰属するのかが決まってしまった。これを決めたのは，CFSの株主総会における株主であり，統合比率におけるCFS株式の価格への評価の高さが決め手であった。

　この事例でも，筆者が繰り返して強調してきた「**価格による利益配分のインセンティブ**」こそが，株主集団がどちらのネットワークに参加するかを決める主要な要因になったわけである。

参考文献

奥村雅史．2007．買収プレミアムの分析と検討，in：日本管理会計学会2007年度全国大会「研究報告要旨集」。

奥村雅史．2007．買収プレミアムの分析と検討，日本管理会計学会報告レジュメ，2007年9月8日。

井上光太郎・加藤英明．2006．「M&Aと株価」東洋経済新報社．

Brealey. R. A. & Myers. S. C. 2000. *Principle of Corporate Finance*, Sixth Ed. MacGraw-Hill.（富井眞理子・国枝繁樹監訳．2002．「コーポレート・ファイナンス」上・下，日経BP社．）

Bradley, M., Desal, A., and and Kim, E. H. 1988. Synergistic Gain from Corporate Acquisitions and Their Division between the Stockholders of Target and Acquiring Firms, *Journal of Financial Economics,* 21(1), pp. 3−40.

門田安弘編著．2008．「管理会計レクチャー：上級編」税務経理協会．

門田安弘．2001．「管理会計：戦略的ファイナンスと分権的組織管理」税務経理協会．

門田安弘．1998．「振替価格と利益配分の基礎」同文舘．

前川南加子・野寺大輔・松下円．2005．「M&Aの基礎」日本経済新聞社．

日本公認会計士協会　経営研究調査会　企業価値算定専門部会．2007．「企業価値ガイドライン」資料1「企業価値の評価アプローチと評価法」．

Grant, J. L. 1997: *Foundations of Economic Value Added,* Frank J. Fabozzi Associates New Hope.（兼弘崇明訳「EVAの基礎」東洋経済新報社）．

MacKinsey & Company, Inc. Copeland, T., Koller, T. and Murrain, J. 2000. *Valuation: Measuring and Managing The Value of Companies,* Third ed. John Wiley & Sons.

Miller, M. and Modigliani, F. 1961: Dividend Policy, Growth, and the Valuation of Shares, *Journal of Business,* Vol. XXXIV, No. 4 (October 1961), pp. 411−433.

玉越良介．2005．「UFJ合併比率の合意について（プレゼンテーション資料）」2005年2月22日．UFJホームページ．

参考資料

日本経済新聞（シティと日興の三角合併関係）

各章の注記と参考文献

2007年10月3日号「米シティ　日興を完全子会社化」／同上「米シティ，銀行・証券一体で個人資産開拓へ」／同上「米シティ，日興買収に1.5兆円：割高でも顧客手中に」／2007年10月4日号「社説：三角合併は一般株主に配慮を」／同上「シティ株交換　応じない場合は？」／同上「日興株200円高　値幅制限上限：三角合併の条件好感」／2007年11月8日号「シティ株と交換巡り日興株急落：会社法に不備，株主混乱」／2007年11月15日号「シティ，日興株主に配慮：円滑買収目指す　サブプライム誤算」／同上「米シティ株価下落で条件を緩和：『日興1株＝自社株1700円分』交換保証」／2007年12月19日号「三角合併　初の承認：日興総会　完全子会社化を決議」／2008年1月19日号「初の三角合併　多難な船出：シティ，日興株交換比率を決定」／同上「シティ株交換比率：日興1株に0.602株」

日本経済新聞（CFSによるイオングループ離脱闘争関係）

2007年12月14日「イオンと委任状争奪突入」／2007年12月30日「アインとの経営統合阻止：CFS株主に説明会」／2008年1月21日「CFSのアイン統合案：株主総会で承認微妙に」／2008年1月22日「ドラッグストアCFS総会：アインとの統合否決」／2008年1月23日「イオン・CFS対立の構図なお」／2008年3月2日「ドラッグ大手CFS：イオンの出資33％に」／2008年3月2日「CFS：早期再建へ譲歩」／2008年3月12日「CFSの経営再建：副社長イオンが派遣へ」／2008年3月18日「イオン・CFSの再建主導」．

CFSコーポレーション－Wikipedia

第4章の注記と参考文献

注　記

(1)　本章は，Monden and Nagao（1988）をサプライチェーンの参加企業間の利益配分とリスク分担等の観点から改定したものである。特に利益配分が製品メーカーと部品メーカーのもつ無形資産の価値に依存することを明らかにした。

(2)　外注部品については，機能部品と非機能部品という2カテゴリーに分けることができる。機能部品とは，その部品の基本設計を製品メーカーが立てて，製品全体において必要不可欠な高い機能を果たすカスタムメイドの部品をいう。

　これに対し，非機能部品は，製品全体において重要性の低い機能を果たす部品である。つまり，製品の付加価値に占める役割は低い。

　機能部品・非機能部品ともに貸与図部品メーカーや承認図部品メーカーのいずれによっても生産されうるが，本章では，自動車産業のケースで図表4－1に示されるように機能部品は主として承認図部品メーカーによって製造され，非機能部品は貸与図部品メーカーによって製造されるとみなしている。

(3)　第2章でも触れたが，ネットワーク組織における企業間の結合のタイプは，アダム・

スミスが主張した完全な市場取引から，チャンドラーが検証した1920年代までの完全な垂直統合組織（当時のスタンダード石油やUSスチールなど）の間で，さまざまなタイプが存在する（Chandler(1977)）。その結合形態は，市場取引から業務提携，資本提携を経て子会社化，合併に至るまでのさまざまあるが，「結合の程度」（あるいは相互依存性の程度）は後の方になるほど強くなる。これらの諸形態をネットワークの中の企業間で選択的に採用し，部分的に併用することができる。

　自動車の企業グループ（系列）の場合，業務提携，資本提携が多いが，実質的に中核企業から部品メーカー（協力会社）に役員を派遣していることが多く，その場合には実質的な支配権を車両メーカーが保有している。

　また，全般的な顧客（車両メーカー）と売り手（部品メーカー）の関係は，原則として無限の期間続くと考えてよい。「原則として」と断りを付けた「例外」は，90年代の日本のバブル崩壊後の時期や，2006年の米国住宅融資のサブプライムローン問題に発した世界大不況の時期には，従来の長期的関係を破棄して部品取引メーカーの数そのものを大幅に削減することなどが行われている。

　しかし，先にも述べたように，当該自動車メーカーに対する特定の部品の売り手としてのその部品メーカーの地位は，少なくとも当該部品のモデルライフの間は継続されることになり，**特定部品に関する全般的な契約期間は（フルモデルチェンジの場合には）4年後には打ち切られることがある**。とはいえ，その特定部品の契約は4年で打ち切られたとしても，同じ協力会社からニューモデルや新車の別の新部品の調達が行われるのが通常である。この意味で一般的には業務提携と資本提携および役員派遣による主要コンポーネントメーカーと自動車メーカーの関係は強固である。系列内の主要協力会社が他の完成車メーカーにもコンポーネントを供給することがあっても，主要系列とサブ系列との違いは存在する。そのような緩い，ファジーな関係を伴ったネットワークであるが，主要系列の中のメンバー会社が同系列の車両メーカーの意向を無視して，同主要系列から離脱することはありえない。その意味では，自動車産業のネットワーク組織でも，メンバー企業が勝手にネットワークの内外の企業と「部分結託」することはありえない。このことが，協力ゲーム理論的には（本書第3章の§9でのべた）「個別合理性」を保証する上記の利益配分公式だけで，その配分を安定させていることになる。

参考文献

浅沼萬里．1984a．自動車産業における部品取引の構造－調整と革新的適応のメカニズム，季刊現代経済，夏季号，pp.38－48．

浅沼萬里．1984b．日本における部品取引の構造：自動車産業の事例，「経済論叢」，第131巻第3号，pp.38－48．

浅沼萬里．1990．日本におけるメーカーとサプライヤーとの関係－「関係特殊的技能」の

概念の抽出と定式化,「経済論叢」, 第145巻第1・2号, pp.1-45.

Asanuma, B. and T. Kikutani. 1992. Risk Absorption in Japanese Subcontracting: A Microeconometric Study of the Automobile Industry, *Journal of Japanese and International Economies,* 6, pp.1-29.

Chandler, A. D. Jr. 1977. *The Visible Hand: The Managerial Revolution in American Business,* The Belknap Press of Harvard University Press.（鳥羽欽一郎・小林袈裟治訳「経営者の時代－アメリカ産業における近代企業の成立－(上)(下)」東洋経済新報社, 1979年).

Colbert, G. L. and Apicer, B. H. 1995. A Multi-Case Investigation of a Theory of the Transfer Pricing Process, *Accounting, Organization and Society,* Vol. 20 No. 6.

今井賢一・伊丹敬之・小池和男. 1982.「内部組織の経済学」東洋経済新報社.

伊藤秀史・マクミラン, ジョン. 1998. サプライヤー・システム－インセンティブのトレードオフと補完性, (in：藤本隆宏・西村敏宏・伊藤秀史編：「サプライヤー・システム－新しい企業間関係を創る」, 第3章, pp.71-90).

Harris, M., C. H. Kriebel, and A. Raviv. 1982. Asymmetric Information, Incentives and Intrafirm Resource Allocation, *Management Science,* Vol. 28, No. 6, June, pp.604-620.

藤本隆宏・西村敏宏・伊藤秀史編. 1998.「サプライヤー・システム－新しい企業間関係を創る」1998.

Kanodia, C. 1979. Risk Sharing and Transfer Price System under Uncertainty, *Journal of Accounting Research,* Vol. 17, No. 1 Spring, pp.74-98.

木村彰吾, 1999. ネットワーク的企業間分業組織と会計システムの有用性に関する考察,「会計」第155巻第6号, pp.862-873.

木村彰吾, 2001. 会計制度に関する進化ゲーム論的考察,「会計」第159巻第2号, pp.69-81.

Loeb, M. And W. A. Magat. 1978. Soviet Success Indicators and the Evaluation of Divisional Management, *Journal of Accounting Research,* Vol. 16, No. 1, Spring, pp.103-121.

Monden, Y. 1983. *Toyota Production System,* Industrial Engineering and Management Press, Atlanta.

門田安弘・登 能輝. 1983. 自動車工業における総合的原価管理システム,「企業会計」, 第35巻第2号, pp.104-112.

門田安弘. 1991. フルコスト基準振替価格におけるリスク分担とリスク分散－日本の自動車産業の部品価格－, in：門田安弘「自動車企業のコスト・マネジメント：原価企画・原価改善・原価計算」同文舘, 第9章, pp.139-162.

Monden, Y. and Nagao, N., 1987/88. Full Cost-Based Transfer Pricing in the Japanese Auto Industry: Risk-Sharing and Risk-Spreading Behavior, *Journal of Business Administration*, Vol. 17 No. 1 and 2, pp. 117−136.

Williamson, O. E. 1985. *The Economic Institutions of Capitalism: Firms, Market, Relational Contracting*, Free Press.

第5章の注記と参考文献

注 記

(1) 国税庁の事務運営指針や参考事例集では，無形資産の絶対的価値の測定も否定はされていない（「無形資産の絶対額を求めることは必ずしも必要ではなく」とのべている文面から，「本来は無形資産の絶対額を求めてそれを使うのが本筋であるから，それを使ってもかまわない」ことが示唆されていると読める）。しかし，事例では実務上の手法として取得原価あるいは期間的支出費用による相対的価値の測定だけが示されているのは，その測定が（効果の及ぶ期間，つまり耐用年数の予測などで恣意性は入るが）比較的に客観的に行えるからであろう。DCF法などによる絶対的価値の測定では予測が大きく入ってしまう。

どちらの方法によるとも，無形資産の価値を（国外関連取引に係る法人と国外関連者とによる）結合残余利益の配分のために配賦基準として用いることが狙いだから，両社の保有する無形資産の価値の「比」さえ分かれば，この目的は達成できる。しかしながら，私見では，**「無形資産の絶対的価値の比」**と，国税庁の示す**「無形資産の相対的価値の比」**とが等しいとは限らない。前者はいわば無形資産の時価であるが，後者はその形成のための支出原価（つまり，取得原価）によっているからである。簿価の比は，時価の比に等しくなるとは限らないが，簿価の比を時価の比のサロゲート（代理変数）としようというわけである。

(2) **残余利益分割法とM＆Aのシナジー配分との類似性**

M＆Aにおいて合併当事者の両社に対し「シナジー効果の現在価値」を配分するにあたり，合併公表前における両社それぞれの「スタンドアローン株主価値」を配賦基準に用いることを，本書の第3章でのべた。他方で，多国籍企業の両社の間の利益配分の基準に「投資額の時価」を用いるならば，それはM＆Aの場合のシナジー配分と同様の考えによる。

第3章のM＆Aの買収価格の算定公式と，本章の移転価格の算定公式とは，形式上も同一になっている。さらに，連結企業グループ内の既存のメンバー企業は内外の会社と勝手に「部分結託」することは通常ありえない。親会社の資本的支配権が効いているからである。あるいは，メンバー企業が単なる持分法適用会社（出資比率20％〜50％）で

あっても，出資会社からの役員派遣などで実質的な支配権が確保されている場合には，やはりメンバー企業が勝手に内外の会社と「部分結託」することは困難である。したがって，当該グループの参加企業間では，本書の第3章の§9でのべた上の(17)式の「結託合理性」は初めから成立しているので，同章の(16)式の「個別合理性」だけを考慮していればよいことになる。そのこと（(16)式）は，同章の(13)式と(14)式によって満される。これらの式は，本章の§5の配分公式と同一である。

参考文献

上野嘉一．2007.「移転価格事務運営要領」及び「連結法人に係る移転価格事務運営要領」の改正について，「国際税務」Vol.26 No.6

国税庁．1986.「租税特別措置法」第66条の4（「国外関連者との取引に関わる課税の特例」）

国税庁．2007.「移転価格税制事務運営要領」の一部改正について（事務運営指針）6月25日．

国税庁．2007.「移転価格税制の適用にあたっての参考事例集」（参考事例集）6月25日．

塘　誠．2007．移転価格税制に関わるタックス・マネジメントと業績管理会計上の課題，成城大学「経済研究」第174号．2月　pp.49-68.

徳永匡子．2007．独立企業間価格の算定方法の適用等-3　残余利益分割法，「税経通信」vol.62　No.13，10月号　pp.110-125.

西山由美子．2007．独立企業間価格の算定方法の選択，「税経通信」vol.62　No.13，10月号　pp.70-86.

藤巻一男．2003．我が国の移転価格税制における推定課税について，「税務大学校論叢」No.42．pp.51-106.

宮本寛爾．1983.「国際管理会計の基礎」中央経済社

第6章の注記と参考文献

注　記

(1) 横軸をこのように重量でとる方法は，次のようなケースにも可能である。たとえば，中間製品が銅であって最終製品が銅線である場合には，最終製品の数量は，銅線に含まれる銅の重量によって測定する。また鉄鋼メーカーと自動車メーカーの間のように，鉄鋼メーカーの供給する鋼板は重量（トン数）で測定され，自動車メーカーのボディは車両の台数で測定される事例では，自動車のボディに含まれる鉄鋼重量（トン数）で自動車の生産量を測定する。

(2) Hirshleifer（1956）もGould（1964）も，事業部制組織における供給事業部の限界費用曲線と受取事業部の純限界収入曲線を筆者と同様に計算し，筆者の図6-3と同様のグ

ラフを描いている。そして，両曲線の交わる点の高さを需給均衡価格として求めている。読者は図6－3では最終消費財ではなく，企業内サプライチェーンにおける生産財の需給均衡価格が求められていることにも留意されたい。

　なお，事業部制の内部振替価格のケースに対し，ミクロ経済学のアプローチで価格理論のメスを入れて分析した研究に，Cook（1955），Hirshleifer（1956），Gould（1964），Ronen & McKinney（1970）がある。いずれも古典的といってもよい優れた研究である。このうち，振替価格問題に絡めて利益配分についても分析しているのは，会計学のジャーナルに出版されたRonen&McKinney（1970）の文献だけである。彼らの研究内容の詳細は，門田（1989）の第4章にある。

　彼らのミクロ経済学の振替価格モデル研究はいずれも，企業組織内では供給事業部（製造事業部）と受入事業部（販売事業）とからなるとし，前者の供給量と後者の受入量は等しいものに決定されなければならないと仮定する。さらに，最終製品の市場は不完全競争であるが，中間製品の市場は完全競争であると仮定されている。ただし，当該事業部制の企業内市場では供給事業部（売手）1人と受入事業部（買手）1人の双方独占である。

(3)　このような各部門への配分利益の計算式は，協力ゲームの利得配分のルールに適っている。この事例では，亜鉛供給部門も亜鉛容器製造部門もともに，単独行動を取った場合にはいずれも利益ゼロである。またこの企業グループ内ではこれら両社が結託する以外に他の結託の方法はありえないので，この計算式による配分は安定する。

　なお，協力ゲームの「シャプレ値」を企業の部門間利益配分に適用した嚆矢はシュービック（Shubik（1962））であった。しかし，彼はその利益配分基準として，筆者が本書で協調して主張しているような無形資産（知的資産）については一切言及していない。また，シャプレイ値はあらゆる部分結託を考慮に入れるので，実用的ではない（シャプレイ値による利益配分について，詳しくは門田（1989）第14章参照）。

(4)　この場合には数理計画法モデルの目標関数が非線形になるので，シャドウ・プライスにもとづく振替価格によって各部門が自己のローカルな最適化問題を解けば，全体最適解（globally optimum solution）を得ることができる。（詳しくは，門田（1998）の第6章を参照されたい。）

　数理計画法の計算プロセスを大規模組織の分権的意思決定になぞらえた分解解法のいろいろについては，詳しくは門田（1989）の第7章から第11章までの5章で解説されている。それらを要約すると，次のようになる。企業における決定権限の委譲は，ある1つの最終目的を実現するための全体的な決定問題を独立的ないし準独立的な部分問題に分解して与えることを必要とする。しかし，部分問題相互間に依存性があるとき，これらを調整するメカニズムが必要になる。本部がこれを担当する。このような分権的意思

決定システムに対する類似が，線形計画法の多くの分解法に見出される。ただし，これらの各種の分解法が分権的決定の実践的な手法として使われる可能性は小さい。

分権的意思決定プロセスは，数理計画法による本部の調整メカニズムの観点から見るとき，次の3種類になる。

A) **価格指示型の調整法**：これによると，本部は資源の振替価格を各事業部に指示し，これに基づいて各事業部は本部に資源需要量あるいは生産計画を伝達する。(これは均衡価格に収束させるためのワルラス・ヒックス型の「価格調整」の方法に似ている。)「価格指示型調整法」は，**ダンチッヒとウルフの**「**分解原理**」(Dantzig and Wolf (1960) のDecomposition Principle) である。

B) **資源割当型の調整法**：これによると，本部は資源の割当量を各事業部に指示し，これに基づいて各事業部は本部に資源の価格（入札価格）を伝達する。(これは均衡価格に収束させるためのマーシャル型の「数量調整」の方法に似ている。)「資源割当型調整法」としては，**コーナイとリプタクの2階層計画法**（Kornai and Liptak (1965) の Two Level Planning）がある。

C) **価格指示型と資源割当型とのハイブリッド調整法**：これによると，本部は資源の価格とともに各事業部の提案した基底変数に関する活動水準あるいは資源割当量を通報する。各事業部はこの情報のもとで事業部内のすべての非基底変数の経済性を再評価し，有利な非基底変数を本部に通報する。「ハイブリッド調整法」には，ドイツの**アダムらの分解法**がある（Adam and Röhrs(1967), Adam(1970)）。

また，以上の分解法は企業が単一目標のみを有する場合のモデルであった。ところが，分権的組織の各部門がそれぞれ違った目標を追求する意思決定を行い，それらの決定を本部が全社的に調整するような決定を行う状況についても，いくつかのモデルがある。

まずリュフライのモデル（Ruefli(1971)）は「多目標・多階層の分権的組織における振替価格による調整」の仕組みをモデル化したものである。さらに，「多目標線形計画法」(MOLP) が生み出す多元的なシャドウプライスの値を，事業部制企業の振替価格として用いたモデルもある。**コーンブラスのモデル**（Kornbluth(1974)）がそれである。

(5) 同様の批判は，かつてドイツのHax (1956a) S.208f. および (1965b), Kilger (1967) S.711らによってもなされた。

(6) ところが，私見では機会原価は不確実性の状況下ではさまざまな分権的決定（新製品の採否決定，新しい生産方法の採否決定，超過操業の決定など）に役に立つ。将来の代替案（資源の用途）としてどのようなものが追加されるかわからない**不確定の状況**では，「神のみぞ知る」といってもよい**最低必要利益水準**（あるいは**目標利益水準**）を機会原

価が与えてくれるので，役に立つ。すべての代替案を列挙することができない不確実性のもとでは，最適解（Optimal Solution）を求めることはできない。そこでは現在の解よりもベターな解であれば採択に値する。それは現在の解のもとでの資源の機会原価を必要利益水準としているので，「満足解」（Satisfactory Solution）である。

しかしながら，不確実性下の意思決定といえども，これを「振替価格による決定」としなくてもよい。その時々の意思決定問題（たとえば，make or buyとか，sell or transferなど）に遭遇しても，その時に特殊原価調査（special cost study）として「増分原価分析」(incremental cost analysis) あるいは「差額原価分析」(differential cost analysis) として分析すればよい。なぜならば，資源に制約があれば，その増分原価や差額原価の中に機会原価も含まれてくるからである。振替価格の機能は，意思決定目的ではなく，企業間や部門間の動機付けのための利益配分目的だけに限定した方がよい。

(7) また図表6－3のケースでは，C製品は販売制約量の限界まで売ることができるので，この品種の販売能力もネックになってしまったから，C品の販売能力制約のシャドウ・プライス＝250円となり，C品1個売るごとに250円の利益がC品部門に帰属され，トータルで250円×2,000個＝500,000円がC部門に帰属される（ここで，250円＝図表6－1の(3)欄よりC品の貢献利益1,000円－B品の貢献利益750円）。

(8) このことは，数理計画法の「緩急相補性の定理」による。

(9) ゲーム理論でよく知られた「囚人のジレンマ」においても，長期の繰り返しゲームでは，共犯者の間でどのプレイヤーも「裏切り」をしなくなり，相手を欺くよりも協力した方が自分にとっても得だということになる（win-winの関係が生ずる）。このことは，長期的な貢献度指標は，「真実の情報の伝達」を導くインセンティブ・システムとなることを示唆している。

参考文献

Adam, D. and Röhrs. W. 1967. Ein Algorithmus zur Dekomposition Linearer Planungsprobleme, *Zeitschrift für Betriebswirtschaft,* June pp. 395－417.

Adam, D. 1970. *Entscheidungsorientierte Kostenbewertung,* Betriebswirtschftlicher Verlag.

Charnes, A. and Kortanek, K. O., 1968. On the Status of Separability and Non-Separability in Decentralization Theory, *Management Science,* XV, October, pp. B12－B15.

Cook, P. W. Jr. 1955. Decentralization and Transfer Pricing, *Journal of Business,* Vo. 1153, April. pp. 87－94.

Cook, P. W. Jr. 1957. New Technique for Intracompany Pricing, *Harvard Business Review,* Vol. 35 No. 4, July-August. pp. 74－80.（reprinted in:*Decentralized Management Series.* HBR Supplement）

Dantzig, G. B. and Wolf, P. 1960. Decomposition Principle for Linear Programs, *Operations Research,* Vol. 8, January-February, pp. 101−111.

Gould, J. R. 1964. Internal Pricing in Firms when There are Costs of Using an Outside Market, *Journal of Business,* Vol. XXXVII, January. pp. 61−67.

Hax, H. 1965a. Kostenbewertung mit Hilfe der Mathematischen Programmierung, *Zeitschrift fur Betriebswirtshaft,* April SS. 197−210.

Hax, H. 1965b. Die *Koordination von Entscheidungenn: Ein beitrag zur Betriebswirtschaftlichen Organizationslehre,* Carl Heymanns Verlag.

Hirshleifer, J. 1956. On the Economics of Transfer Pricing, *Journal of Business,* Vol. XXIX, July. pp. 172−184.

Hirshleifer, J. 1956. Economics of the Divisionalized Firm, *Journal of Business,* Vo. XXX April. pp. 96−100.

Kornai, J. and Liptak, T. 1965. Two Level Planning, *Econometrica,* Vol. 33 No. 1, January pp. 141−169.

Kornbluth, J. S. H. 1974. Accounting in Multiple Objective Linear Programming, *The Accounting Review,* April pp. 284−295.

Milgrom, P. and Roberts, J. 1992. *Economics, Organization & Management,* Prentice Hall. (奥野正寛・伊藤秀史・今井晴雄・西村理・八木甫共訳. 1997.「組織の経済学」NTT出版).

Opfermann, K. und Reinerman, H., Opportunitatskosten, Shattenpreis und Optimale Geltungszahl, *ZFB,* 1965, No. 4, SS. 233−234.

Ronen, J. and McKinney, G. Ⅲ. 1970. Transfer Pricing for Divisional Autonomy, *Journal of Accounting Research,* Vol. 8, No. 1, Spring, pp. 99−112.

Ruefli, T. W. 1971. A Generalized Goal Decomposition Model, *Management Science,* 9-6, June, pp. B649−B518.

Schneider, D. 1966. Zielvorstellung und innerbetriebliche Leistungspreise in privaten und Öffentlichen Unternehmen, *ZfbF,* 3.

Shubik, M. 1962. Incentives, Decentralized Control, The Assignment of Joint Costs and Internal Pricing, *Management Science,* April, pp. 325−343.

門田安弘. 1989.「振替価格と利益配分の基礎」同文舘.

門田安弘. 1991.「振替価格と利益配分の展開」同文舘.

付録の注記と参考文献

注 記

(1) ここで，右辺のS_p ($p=1, 2, \cdots, m$) は許容結託で，$p \neq q$ならば$S_p \cap S_q = \{0\}$で，$S_1 \cup \cdots S_m = N$である。

(2) いま各プレイヤーが結託S_jに属し，協力することによってR(S_j)を得，それをS_jのn人のメンバーの間で配分すると考える。そのときの各メンバーの受取る利益のベクトルが$\phi = (\phi_1, \phi_2, \cdots, \phi_n)$となり，$\phi$は

$$\sum_{i \in S_j} \phi_i = R(S_j)$$

を満たさなければならない。

(3) これは，(1)式の「許容結託合理性」が成立せず，$\sum_{i \in T} \phi_i < R(T)$となるケースである。

(4) 現実には貢献度の数字が1円の単位までみてタイ (tie：均等) になるような部門が複数生ずることは，ほとんどありえないので，数学的な議論ではタイは生じないと仮定しておく。あるいは，タイが生じたときにはその複数部門をすべて同時に結託から抜くという方法をとる。これは逆にみて結託拡張のプロセスではツリー上の拡張になる。しかし，実務上ではタイが生じたならば，その他の2次的ないし3次的な副次目標への貢献度の低い部門を抜いておくとか，歴史的にみて全体組織への参加の新しい部門を先に抜いていくというルールを設定しておくならば，配分に対し部門間の不満は生じにくいであろう。

(5) ある部門Xが単独行動すれば，R_xという貨幣収入額 (単独利益) が得られるとする。そのような部門Xが単独行動せずに部門Yと結託 (提携) して協働行動するならば，両部門の結託利益R_{x+y}が得られるとする。このとき，部門Xにとっては結託$\{X \cup Y\}$に参加するという行動を選択することによって，単独で行動したならば得られるであろう利益R_xを犠牲にしている。しかも，この場合に部門Xが犠牲にした行動は，「単独行動して何かの事業によってR_xを得る」か，「何もしないで (つまり事業を閉鎖して) 利益ゼロとなる」か，のいずれかであるから，その最大利益はR_xとなり，これが結託行動の機会原価となる。

機会原価はまたある行動Aをとるときに，その行動Aから得るべき最低必要利益，あるいは換言すれば最低要求水準として機能する。そこで，この機会原価以上の利益配分額を結託$\{X \cup Y\}$の結合利益R_{x+y}から配分してもらえれば，部門Xは満足する。

(6) ある部門が次々とより規模の大きな結託に参加するという一連の決定を行っていくさい，そのつど当該部門の最低目標配分利益は増大していき，それは前段階での機会原価に増分値を加える形で行われる。この計算プロセスをとらえて累積的機会原価と称する。

参考文献

Balachandran, B. V. and Ramakrishnan, R. T. 1981. "Joint Cost Allocation: A Unified Approach," *The Accounting Review*, Vol. 56, No. 1 pp. 85-96.

Gangolly, J. S. 1981. "On Joint Cost Allocation: Independent Cost Proportional Scheme (ICPS) and its Properties," *Journal of Accounting Research*, Vol. 19, No. 2 pp. 299-312.

Louderback, J. G. 1976. "Another Approach to Allocating Joint Cost: A Comment," *The Accounting Review*, Vol. 51, No. 3 pp. 683-685.

Moriarity, S. 1975. "Another Approach to Allocating Joint Costs," *The Accounting Review*, Vol. 50, No. 4 pp. 791-795.

Moriarity, S. 1975. "Another Approach to Allocating Joint Cost: A Reply," *The Accounting Review*, Vol. 51, No. 3 pp. 686-687.

門田安弘. 1989. 累積的機会原価法による利益配分,「日本経営工学会誌」Vol. 40, No. 4 pp. 211-217.

門田安弘. 1989.「振替価格と利益配分の基礎」同文舘

門田安弘. 1991.「振替価格と利益配分の展開」同文舘

鈴木光男. 1959.「ゲームの理論」, 勁草書房, pp. 151-154.

索　　引

（あ）

arm's length price ……………………99
ＩＢＭ社………………………………21, 44
預かり金型……………………………85
アダム…………………………………153
アダム・スミスの分業論……………5
アンソニー……………………………142

（い）

ＥＲＰ…………………………………30
ＥＭＳ…………………………………23
イオングループ………………………145
一人工…………………………………6
一括補助金……………………………85
移転価格税制…………………………93
インカムアプローチ…………………56
インセンティブ………………………25
インセンティブ・システム…………42
インセンティブ価格…………まえがき1, 50, 109, 113
インセンティブ価格としての部品価格…87
インセンティブの強さ………………88, 89

（え）

ＳＰＡ…………………………………7
ＭＲＰ…………………………………30
Ｍ＆Ａ…………………………………30
Ｍ＆Ａの交渉力………………………63
Ｍ＆Ａの参加決定の原理……………62
Ｍ＆Ａのシナジー効果………………51
ＮＥＣ…………………………………23
ＮＥＣ長野……………………………23
エージェンシー理論…………………143

（お）

オーダーエントリーシステム………44
オールソンモデル……………………144

（か）

会計利益法……………………………144
改善提案報酬…………………………81
改善によって生み出された余剰……80
価格指示型と資源割当型との
　ハイブリッド調整法………………153
価格指示型の調整法…………………153
価格調整………………………………78
価値創造分……………………………25
合併……………………………………36
合併会社の交付株式数………………57
合併日…………………………………56
合併比率………………………………56, 66
合併比率の算定方式…………………56, 57
合併比率の変動予算線………………70, 71
「過払い」のプレミアム………………54
株式市場の効率性……………………57
株式持合い……………………………39
「株主価値」の算定……………………56
株主の利益の観点……………………145
緩急相補性の定理……………………121
カンパニー制…………………………15

（き）

機会原価による振替価格……………119
企業間関係……………………………20
企業間結合の諸形態…………………34
企業間ネットワークの構築手法……35
機種別の機械配置……………………10
機能部品………………………………82, 147
希薄化…………………………………68

忌避宣言権 …………………………142
基本的活動のみを行う法人……………99
基本的利益の計算 ………………94, 98
競争的な市場的側面………………………79
業務提携………………………………40
協力ゲームの理論…………………………62
許容結託合理性 ……………………124
許容結託の規模の経済性 ……………130

（く）

グループテクノロジー ………………139
グループ内組織再編……………………61

（け）

系列化………………………………28
結合の程度……………………………34
結合利益の実現への寄与度 …………115
結託合理性……………………………62
限界費用 ……………………………112
厳密な個人合理性 ……………………124

（こ）

コア条件………………………………62
貢献度順位決定法 ……………………126
交付株式数の算定方法…………………57
公平な配分への満足……………………50
合弁会社………………………………39
小売店舗網……………………………96
コース…………………………………37
コーナイとリプタク …………………153
コーンブラス…………………………153
子会社化………………………………38
国外関連者……………………………96
国外関連取引…………………………96
国富論…………………………………3
個人的合理性…………………………62
コストアプローチ……………………56
固定費の回収リスク……………………37
コニカとミノルタの合併………………31

個別企業のスタンドアローンの価値……26
個別合理性……………………………62
個別合理性の条件 ……………………104
コントロール・プレミアム……………52

（さ）

サイアートとマーチ……………………33
最大のシナジー効果……………………36
最適成長経路の仮定 …………………127
サプライチェーン………………………20
サプライチェーンの部品価格…………75
参加決定………………………………50
残余利益の計算 ……………………100
残余利益のＤＣＦ法……………………59
残余利益の配分…………………………95
残余利益の分割要因（配分基準）……100
残余利益分割法…………………………93
残余利益分割法による利益配分………94
残余利益分割法のゲーム理論的スキーム
　………………………………104

（し）

ＣＦＳ ………………………………145
ＪＩＴ生産 …………………………16, 45
事業ドメイン会社 …………………18, 24
事業部制組織…………………………14
事業部の解体…………………………20
事業本部制……………………………15
資源供給量が資源需要量を超える場合の
　インセンティブ価格 ………………117
資源供給量が資源需要量を超える場合の
　需給均衡価格………………………117
資源需要量が資源供給量を超える場合の
　インセンティブ価格 ………………114
資源割当型の調整法 …………………153
市場原理主義…………………………28
市場取引………………………………41
市場取引としてのＭ＆Ａ……………60
実質的な支配力 ……………………137

シティグループ……………………66
自動車の企業グループ ……………148
シナジー寄与度指標…………………59
シナジー効果 ……………………25, 26
シナジー効果とコントロール・
　プレミアムの関係………………54
シナジー効果の現在価値 …………144
シナジー効果の配分公式………58, 60
支配権………………………………36
支配プレミアム……………………52
資本提携……………………………39
社会的な最適組織編成 ……………122
ジャストインタイム生産……………79
シャドウ・プライス ………………119
シャドウ・プライス法の問題点 …120
社内カンパニー……………………18
社内分社制……………………15, 18
囚人のジレンマ ……………………154
重要な無形資産……………………99
需給均衡価格 ………………109, 112
　——資源需要量が資源供給量を
　　超える ………………………112
需給均衡価格の問題点 ……………118
受注生産……………………………45
シュマーレンバッハ ………………110
需要均衡化の機能……………………78
純限界収益 …………………………112
少数株主としての資本参加………39
承認図メーカー…………………81, 86
承認図メーカーへの配分利益……89
情報の対称性………………………82
情報の非対称性……………………82
職能別組織…………………………14
ジョブショップ・レイアウト……10
真実の情報 …………………………120

（す）

垂直的統合の組織…………………28
数理計画法による本部の調整メカニズム
　…………………………………152
数量調整……………………………78
スタンドアローン時価総額…………59

（せ）

生産財の需給均衡価格 ……………152
生産受託会社………………………23
製品別事業部制……………………14
製品別の一貫生産方式……………11
製品メーカーの無形資産形成費用……88
セル …………………………………139
セル生産 ……………………………139
セル生産方式の目的 …………………9
全体結託……………………………62
専門工による職能別分業…………10
戦略的決定…………………………29

（そ）

操業度差異……………………77, 84
相互依存性…………………………36
相互満足化の原理…………………50
相互補完性…………………………25
相互満足な利益配分の困難さ……37
相補性………………………………25
組織原理主義………………………28
組織内取引としてのM＆A…………61

（た）

貸与図メーカー……………………81
貸与図メーカーへの配分利益……88
多工程持ち…………………………11
タスク・コントロール…………30, 44
多台持ち……………………………10
縦持ち………………………………11
ダンチッヒとウルフ ………………153

（ち）

中核企業の３つの役割……………29
中間組織……………………………24

長期的な貢献要因 …………………121
長期の繰り返しゲーム ……………154

　　　　　　（つ）
強いインセンティブ…………………90

　　　　　　（て）
提携 ………………………………20, 28
適応的システム………………………33
撤退のプロセス……………………126

　　　　　　（と）
統合後会社が有する理論株主価値………60
特殊原価調査………………………154
独立企業間価格………………………98
ドメイン会社……………………18, 19
トヨタグループ………………………44
トヨタ自動車…………………………40
取引コスト……………………………26

　　　　　　（な）
中村邦夫………………………………43

　　　　　　（に）
日興コーディアルグループ…………66

　　　　　　（ね）
ネットワーク組織……………………20
ネットワーク組織の概念図…………22
ネットワーク組織の境界……………42
ネットワーク組織の構造……………21
ネットワーク組織の固有概念………24
ネットワーク組織の中核企業 ……141

　　　　　　（の）
登　能輝………………………………78

　　　　　　（は）
バーチャル組織………………………20

買収価格…………………………53, 54
買収実行のプロセス…………………55
買収勝者の禍…………………………64
買収プレミアム…………………52, 53
配分後利益の計算……………………95
パナソニック……………………18, 19, 61
バリュー・エンジニアリング………80
バリュー・アナリシス………………80

　　　　　　（ひ）
比較対象法人の選定…………………98
非機能部品……………………82, 147
樋口広太郎……………………………31
ピンの製造業における分業……………5

　　　　　　（ふ）
ＶＡ……………………………………80
ＶＥ……………………………………80
Φ安定………………………………123
Φ安定の条件充足の証明 …………132
不確定性下の分権的決定 …………153
不況期のビジネスモデル……………23
部品ファミリー……………………139
部品メーカーの無形資産形成費用………88
部分結託………………………62, 104, 150
部門の管理者の参加意欲と
　　自助努力意欲 …………………114
振替価格……………………………113
フルコスト基準の部品価格…………76
フルコスト原則………………………76
プレス部品の部品価格………………83
プロダクト・フロー・レイアウト……11
分解解法……………………………152
分割対象利益の計算 ……………94, 97
分権的な意思決定 …………………119

　　　　　　（ほ）
補完性…………………………………36

（ま）

マーケットアプローチ……………………56
松下電器………………………………43
マネジメント・コントロール……………30

（み）

見えざる手………………………8, 9, 122
見える手…………………………………28

（む）

無形・有形の資産の形成に係る包括的な
　投資額………………………………59
無形資産………………………………96
無形資産によるシナジー効果…………97
無形資産の価値の測定方法 ……………101
無形資産の取得原価 ……………………101
無形資産の絶対的価値の測定 ……101, 150
無形資産の相対的価値の測定 …………101
無形資産のための各期の支出費用 ……102

（も）

モリアリティの配分公式 …………124, 137

（ゆ）

誘引両立性 ………………………………120

（よ）

横持ち……………………………………10
弱いインセンティブ……………………89

（り）

利益配分 ………まえがき1, 30, 42, 100, 104
リスク回避的……………………………76
リスクの下での合併比率の決定………65
リスク分散………………………………86
流動性ディスカウント…………………52
リュフライ………………………………153

（る）

累積的機会原価法 ………………………130

著 者 紹 介

門田　安弘（もんでん　やすひろ）

筑波大学名誉教授　学術博士（筑波大学）
目白大学教授
神戸大学大学院経営学研究科修了
1980－81年：ニューヨーク州立大バッファロー校 客員准教授
1996年：ストックホルム経済大学 客員教授
Monden Institute of Management（Editor-in-Chief）

主要著書：

Toyota Production System, 1st edition 1983. Industrial Engineering and
　　　Management Press（日経・経済図書文化賞受賞）
Toyota Production System, 3rd edition 1998 同上出版社
Japanese Management Accounting, Productivity Press, 1989
Cost Reduction System: Target Costing and Kaizen Costing, 同上 1996.
Value-Based Management of the Rising Sun, World Scientific Pub. 2006.
Japanese Management Accounting Today, 同上 2007.

著者との契約により検印省略

平成21年6月15日　初版第1刷発行	企業間協力のための **利益配分価格**
著　者	門　田　安　弘
発行者	大　坪　嘉　春
印刷所	税経印刷株式会社
製本所	株式会社　三森製本所

発行所　東京都新宿区下落合2丁目5番13号　株式会社 **税務経理協会**

郵便番号 161－0033　振替 00190－2－187408　電話(03)3953－3301（編 集 部）
　　　　　　　　　　　FAX (03)3565－3391　　　　 (03)3953－3325（営 業 部）
　　　　　　　URL http://www.zeikei.co.jp/
　　　　　　　乱丁・落丁の場合はお取替えいたします。

© 門田安弘 2009　　　　　　　　　　　　　　　　　　Printed in Japan

Ⓡ（日本複写権センター委託出版物）
本書を無断で複写複製（コピー）することは，著作権法上の例外を除き，禁じられています。本書をコピーされる場合は，事前に日本複写権センター（JRRC）の許諾を受けてください。
JRRC(http://www.jrrc.or.jp　eメール:info@jrrc.or.jp　電話:03-3401-2382)

ISBN978－4－419－05280－5　C3063